Das große Buch der Schiffsmodelle

– international

Guy R. Williams

Das große Buch der Schiffsmodelle - international

Umschau Verlag

Dieses Buch wurde entworfen und hergestellt
durch Rainbird Reference Books Limited, London,
für André Deutsch Limited, London

Designer: Gwyn Lewis

Aus dem Englischen übertragen
von Hans Dieter Heck

Satz: Brönners Druckerei Breidenstein KG,
Frankfurt am Main
Druck und buchbinderische Verarbeitung:
Dai Nippon Printing Company Limited, Tokio, Japan

ISBN 3-524-00213-7

Originalausgabe: „The World of Model Ships and Boats"
ISBN 0 233 96288 3

PRINTED IN JAPAN

Inhalt

Liste der Farbtafeln

Quellenverzeichnis

Kein Buch dieser Art, das sich mit einem so umfangreichen Thema beschäftigt, könnte ohne intensive Unterstützung durch anerkannte Fachleute zustande kommen. Besonders dankbar bin ich den folgenden Personen und Unternehmen, die wesentlich zu dem in diesem Buch enthaltenen Material beigetragen, großzügig Rat oder Auskunft erteilt oder in anderer Weise geholfen haben. Die redaktionelle Verantwortung für den Text und die Bildlegenden liegt jedoch in vollem Umfang bei mir.

Australien

G. Middleton, ehrenamtlicher Sekretär des Australian Model Yachting Authority.

Dänemark

Billing Boats, Lunderskov.

Deutschland

Johannes Graupner, Kirchheim/Teck.
Steingraeber KG, Schiffsmodellbaukästen, Stadt Allendorf.

Frankreich

Geschwaderadmiral de Bazelaire, Musée de la Marine, Paris.

Großbritannien

John Bartlett, Direktor des City and County of Kingston-upon-Hull-Museums.
Bassett-Lowke (Northampton) Ltd.
Lt. Col. S. N. Beattie, ehem. „Beatties of London".
Anthony S. Browning, Leiter der Abteilung Technologie, The Glasgow Museums and Art-Galleries.
G. A. Colbeck, ehrenamtl. Generalsekretär der Model Power Boat Association.
A. A. Cumming, Stadtdirektor, City of Plymouth Museum and Art Gallery.
G. R. M. Garratt, Leiter der Abteilung Fünf, Science Museum, South Kensington, London.
Stuart M. K. Henderson, Direktor der Glasgow Museums and Art Galleries.
David Hinton, Abteilungs-Assistent, Antiken-Abteilung, The Ashmolean Museum, Oxford.
T. A. Hume, Direktor der City of Liverpool-Museen.
E. Keil and Company Ltd., Wickford.

L. E. Kimpton, Leiter des Archivs, Peninsular and Oriental Steam Navigation Company.
G. H. Leeds, ehrenamtl. Schriftführer der Model Yachting Association.
J. Colin Marl, Städt. Bibliothekar, County Borough of South Shields.
Commander G. P. B. Naish, Leiter des National Maritime Museum, Greenwich.
H. M. Sell †, ehem. Leiter der Londoner Ausstellung der Fa. Bassett-Lowke.
M. K. Stammers, stellv. Leiter der Abteilung Schiffahrt, City of Liverpool Museum.
J. D. Storer, stellv. Leiter der Abteilung Technologie, Royal Scottish Museum, Edinburgh.
W. J. Walker, Geschäftsführer der Western Morning News Company Ltd., Plymouth.

Holland

H. Hazelhoff Roelfzema, Direktor des Nederlandsch Historisch Scheepvart Museum, Amsterdam.
B. C. W. Lap, stellv. Leiter des „Prins Hendrik" Maritime Museum, Rotterdam.

Neuseeland

G. Britt, ehrenamtl. Sekretär des New Zealand Authority, The International Model Yacht Racing Union.

Norwegen

Svein Molaug, Direktor des Norsk Sjøfartsmuseum, Oslo.

Schweden

Göran Sundström, Statens Sjöhistoriska Museum, Stockholm.

Spanien

José Fernandez Gaytán, El C. d. N. Subdirector, Museo Naval, Madrid.

Vereinigte Staaten von Amerika

Philip L. Budlong, Archivar der Marine Historical Association, Inc., Mystic, Connecticut.
Robert H. Burgess, Ausstellungsleiter, Mariners Museum, Newport News, Virginia.
Fred Frey, ehrenamtl. Sekretär der Model Yacht Racing Association of America.
Captain Dale Mayberry, Direktor des Museums der United States Naval Academy, Annapolis, Maryland.
Philip Chadwick Foster Smith, Leiter der Abteilung Maritime History, Peabody Museum, Salem, Massachusetts.

1 Schiffs- und Bootsmodelle durch die Jahrhunderte

„Schiffs- und Bootsmodelle . . .“, unbefangene Leser mögen fragen, was eigentlich der Unterschied zwischen einem Schiffsmodell und einem Bootsmodell sei. Gute Lexika definieren ein Schiff etwa als „ein größeres seefähiges Wasserfahrzeug“, und ein Boot in einfachster Form als „kleines ungedecktes Fahrzeug zum Verkehr auf (ruhigen) Wasserflächen“.
Aber als Boote werden vielfach auch größere, durchaus seefähige Wasserfahrzeuge bezeichnet, die sich von einem Schiff üblicher Art unterscheiden, etwa besegelte Fischereifahrzeuge, kleinere Lastschiffe oder auch Dampfschiffe. Im Sprachgebrauch der Seeleute ist ein Boot jedes Wasserfahrzeug, das gegebenenfalls als Hilfsfahrzeug eines Schiffes eingesetzt werden kann. Bei solch einer Definition wird nach der Wichtigkeit und der Art des Gebrauchs zwischen Schiffen und Booten unterschieden.

1 Modelldarstellung der Seeschlacht von Trafalgar mit je einem Teil der spanischen und der englischen Flotte: Jedes Schiff ist sorgfältig aus Holz gefertigt, mit Geschützen, Decks, Aufbauten, Beibooten und Flaggen. Die Segel aus Papier zeigen naturalistisch eingebrannte Einschußlöcher. Über ein Jahrhundert lang war dieses Situationsmodell von historischem Wert in der Banqueting Hall, Whitehall, London, ausgestellt.

In Portsmouth, Südengland, wurde 1733 eine Königliche Akademie gegründet, um junge Herrn aus vornehmen Familien auf den Dienst als Seeoffiziere vorzubereiten. Neun Jahre später kam es zu einem Protest der Studenten dieser Akademie. Sie beklagten sich beim Marineministerium über ein Lehrmittel, ein Modell der mit 100 Geschützen bestückten *Victory:*

„Das Modell ist so klein und seine Takelage so dürftig, daß es zum Unterricht nichts taugt. Man kann ihm nicht entnehmen, wie die Anker und Taue verstaut werden. Wir wissen fast überhaupt nichts über die Besegelung . . .“

Sie verlangten, daß man ihnen eine ausgediente Jacht zur Verfügung stelle und sie mit einem zweiten Mast versehe, damit sie sich besser über die Betakelung eines Schiffes informieren könnten. Die Petition hatte Erfolg.

Zu dieser Zeit wurden Modelle von Schiffen und Booten auf den Werften fast jeder seefahrenden Nation gebaut, und zwar zu rein praktischen Zwekken. Aber auch Seeleute bauten sich damals – wie schon Jahrhunderte zuvor – Schiffs- und Bootsmodelle, gewissermaßen als Talismane, die ihnen Glück bringen sollten. Schiffs- und Bootsmodelle wurden auch aus rein ästhetischen Gründen, als Augenweide, mühsam gebastelt. Und zweifellos stellte man kleine Modelle in fast allen Teilen der Erde auch als Spielzeuge für Kinder her. Allerdings sind davon verständlicherweise nur wenige erhalten geblieben. Und bis auf den heutigen Tag werden Modelle gebaut, in immer größeren Stückzahlen.
Der Schiffs- und Bootsmodellbau ist daher, genau betrachtet, ein recht kompliziertes und verwirrendes Fachgebiet, das sich zunächst einer klaren Übersicht verschließt.

2 Oben links – Die Fregatte Norske Løve. *Das 1654 aus Elfenbein gefertigte Modell mit Leinen aus Silberdraht gehört zur Königlichen Sammlung des Schlosses Rosenborg in Kopenhagen.*

3 Oben – Modell eines holländischen Fischkutters, wie er in der südwestlichen Zuiderzee üblich war.

4 Unten – Das über 2000 Jahre alte Boot, nach dem dieses Modell gefertigt wurde, fand man 1921 bei Hjortspring in Jütland.

5 Oben – Bei diesem Modell eines Kriegsschiffs handelt es sich vielleicht um das Spielzeugschiff, das Phineas Pett für den späteren König Karl II. von England gebaut hat.

6 Oben rechts – Dieses Modell der mit 100 Geschützen bestückten Victory, *die 1744 mit der gesamten Besatzung in den Casquets unterging, soll nach der Katastrophe zu Untersuchungen über die Seetüchtigkeit des Schiffes gebaut worden sein.*

Wenn man aber die rein zum Vergnügen oder als Spielzeug gebauten Modelle außer Betracht läßt, kann man die große Mehrzahl aller jemals erstellten Boots- und Schiffsmodelle in drei Kategorien ordnen:
Die erste Kategorie umfaßt die Modelle, die von Seeleuten im Seedienst oder im Ruhestand an Land gebaut wurden. Diese Modellbautätigkeit steht im direkten Zusammenhang mit dem Erlebnis der See. Auf den großen Seglern der Vergangenheit mußten die Leute oft kurze Perioden großer körperlicher Anstrengung und seelischer Belastung durchstehen, zwischen denen es längere Zeitspannen der Ruhe und Langeweile gab. Die Seeleute entwickelten deshalb besondere Fähigkeiten der Selbstbeschäftigung, um sich dem Druck der erzwungenen Untätigkeit zu entziehen. Sie verzierten alle Gegenstände und Flächen, die ihnen zugänglich waren, einschließlich ihrer eigenen Haut. Sie tätowierten sich. Sie erfanden raffinierte und oftmals sehr dekorative Verknotungen von Tauwerk. Eine außerordentlich beliebte Art des Zeitvertreibs war aber der Modellnachbau des Schiffes, das sie bis in den letzten Winkel kannten und auf das sie oftmals persönlich stolz waren. Einige unwahrscheinlich exakte und schöne Schiffsmodelle sind von Leuten gebaut worden, die an Bord in größter Enge arbeiten mußten und kaum Platz hatten, ihre Werkzeuge und Materialien unterzubringen. Es ist verwunderlich, daß unter solch erschwerten Umständen sich überhaupt irgendeine besondere Handfertigkeit entwickeln konnte.

Bei den vorzüglichsten Modellen dieser Art können wir die Proportionen und Details des Originals wiedererkennen. Dies ist besonders bemerkenswert, weil für die Maßgenauigkeit sich der Modellbauer allein auf sein Augenmaß verlassen mußte. Meist besaß er nicht einmal eine Bauzeichnung, an die er sich halten konnte. Unter diesen Bedingungen kann man kaum völlig exakte Maße des Modells erwarten. Viele dieser „freihändig" gebauten Modelle wirken auch tatsächlich plump, bei manchen sind die falschen Proportionen geradezu grotesk. Allerdings machen Alterspatina und verblassende Farben in unseren Augen auch solche Modelle „echt" und täuschen über ungeschickte Formgebungen hinweg. Modelle dieser Art sollten mit einem gewissen Maß an Vorstellungsvermögen betrachtet werden. Sie sind meist unbefriedigend für Leute, die nach exakten Informationen über den Aufbau der jeweiligen Originalschiffe suchen.

Die Modelle der zweiten Kategorie geben sehr viel exaktere Auskünfte über die Schiffsbautechnik. Es sind die Baumodelle der alten Werften und Bootsbauer.

Diese Modelle wurden meist erstellt, ehe das betreffende Schiff in Originalgröße aufgebaut worden ist. Hier zeigt sich ein grundlegender Gegensatz zu Eisenbahnmodellen, die normalerweise bereits bewährten Fahrzeugtypen nachgebaut werden und Nachbildungen in Modellgröße darstellen.

Jahrhundertelang war es bei den Schiffs- und Bootsbauern üblich, die Konstruktionsideen für neue Fahrzeuge beim Aufbau von Modellen zu entwikkeln. Sie nutzten diese Modelle als Entwürfe für ihre Auftraggeber und zur Demonstration der Konstruktionen gegenüber den späteren Besatzungen. Wenn Abänderungen gegenüber dem Auftrag vorgeschlagen werden mußten, konnten diese am einfachsten während der Vorbereitungsgespräche an Hand eines Modells diskutiert werden.

Die von den Regierungswerften im 17. und 18. Jahrhundert für die Marinebehörden angefertigten Konstruktionsmodelle sind ohne Zweifel die schönsten und bewundernswertesten Produkte des gesamten Schiffsmodellbaus. Sie zeigen naturgetreu die kleinsten Details bis zu den Bolzen in der Beplankung und in einigen Fällen sogar bis zum letzten, minutiös ausgeführten Knoten in der Takelage. Wenn man solch ein Modell genau studiert, ist das ein Erlebnis, das dem Besuch an Bord des Originalschiffes nahekommt. Die Sorgfalt des Modellbauers sollte selbstverständlich einen Eindruck davon vermitteln, mit welcher Exaktheit das Schiff in Originalgröße im Dock aufgebaut werde, wenn es zur Kiellegung komme. Wir werden uns noch ausführlich mit solchen Modellen befassen.

Zur dritten Kategorie gehören die Schiffs- und Bootsmodelle, die aus Prestigegründen für Handels- und Kauffahrteikontore geschaffen wurden – als Werbemittel gewissermaßen, wenn man eine moderne Bezeichnung verwenden will. Viele dieser Modelle sind exakte Kopien in Modellgröße von Schiffen, die bereits in Dienst gestellt waren; sie haben in dieser Hinsicht etwas mit Eisenbahnmodellen gemeinsam. Sie schmückten die Konfe-

7 Oben – Ein besonders schönes Konstruktionsmodell für die englische Admiralität – ein Zweidecker mit 62 Geschützen, gefertigt aus Buchsbaum- und Birnenholz und unterhalb der Wasserlinie unbeplankt.

8 Rechts – Der Spiegel des oben abgebildeten Modells.

9 Rechts außen – Sorgfältig nachgestaltetes Ausstellungsmodell des Dampfers Bergensfjord *der norwegischen Amerika-Linie.*

BERGENSFJORD

renzsäle und Auslagen von Handelsvereinigungen und Schiffsbauunternehmen und sollten einen Eindruck von der Schönheit und der Qualität der Fahrzeuge der betreffenden Gesellschaft vermitteln. Meist wurden diese Modelle von hochqualifizierten Berufsmodellbauern im Maßstab 1 : 50 gebaut (dies entspricht dem englischen Modellmaß ein Viertel Zoll zu einem Fuß).

Manchmal wurde auch ein größerer Maßstab gewählt. Man hielt es für wichtig, so viele Details wie überhaupt möglich wiederzugeben. Diese Modelle, von denen ebenfalls noch ausführlicher die Rede sein wird, geben Zeugnis von der ganz außergewöhnlichen handwerklichen Geschicklichkeit ihrer Erbauer.

Wenn einmal feststeht, in welche dieser drei Grundkategorien ein bestimmtes Modell gehört, kann man versuchen, es gemäß seiner Bauweise oder seiner Formgebung noch weiter zu klassifizieren. Es ist nicht immer einfach, die Bauart eines Modells völlig eindeutig zu bestimmen, denn es gibt Übergänge zwischen den verschiedenartigen Bautechniken. Einige im Schiffs- und Bootsmodellbau gebräuchliche Bezeichnungen sind jedoch so eindeutig, daß es keine Mißverständnisse geben kann.

Bei der Blockbauweise ist der Rumpf aus einem Holzblock herausgearbeitet, bei der Spantenbauweise besteht er aus Kiel, aufgesetzten Holzspanten und einer aufgebrachten Beplankung, im Prinzip also genau wie bei einem Schiff in Originalgröße. Konstruktionsmodelle aus dem 17. und dem 18. Jahrhundert sind ausschließlich in Spantenbauweise erstellt, entsprechend dem Originalschiff. Bei einem Modell, das auf hoher See gefertigt wurde, ist die Spanten- und Plankenkonstruktion meist sehr vereinfacht und entspricht nicht der des Originalschiffes. Noch öfter allerdings ist bei solchen Modellen der Rumpf einfach aus einem Holzklotz herausgeschnitzt.

Halbmodelle bestehen nur aus einer Rumpfhälfte, der Hälfte steuer- oder backbords der Symmetriefläche längs durch den Rumpf des Originals. Da Schiffe – von unwesentlichen Details des Deckaufbaus und der Rumpfinneneinrichtung abgesehen – tatsächlich auch echt spiegelsymmetrisch gebaut sind, haben die Schiffsbauer früherer Zeiten sehr oft solche Halbmodelle genutzt, um die Formgebung ihrer Rumpfkonstruktionen darzustellen oder auch mit ihrer Hilfe den Linienriß des Rumpfes zu entwickeln. Man versuchte, die Rumpfform durch Bearbeitung des Halbmodells zu verbessern, raspelte an bestimmten Stellen ein wenig Holz ab und ließ an anderen Stellen Rundungen stehen, bis man den Eindruck hatte, daß die Form unter den gegebenen Bedingungen nicht weiter verbessert werden konnte. Der Halbrumpf diente dann als Arbeitsmodell zur Entwicklung des gesamten Rumpfes.

In verschiedenen Museen jeweils in der Nähe der Zentren des Schiffsbaus gibt es bedeutende Sammlungen von Halbmodellen der Schiffsbauer, zum Beispiel im Museum von Glasgow und am Clyde in Schottland. Meist wurden sie von den Werften, für die sie hergestellt worden waren, den Museen

10 Oben – Blockmodell der Hampton Court, *70 Geschütze, 1744.*

11 Mitte – Halbmodell der Dampfschaluppe mit Schraubenantrieb Rinaldo, *17 Geschütze, 1860.*

12 Unten – Rumpf-Halbmodell, das zur Entwicklung des Linienrisses des Schoners America *diente, entworfen von George Steers, heute im Marinemuseum von Newport News.*

überlassen. Sie werden jedoch vielfach nicht dauernd ausgestellt, da Halbrümpfe ohne Takelage beim Publikum nicht besonders großes Interesse finden. Eine der umfangreichsten Sammlungen dieser Art wurde von Henry und George Steers zusammengetragen und 1936 von der Vermögensverwaltung Henry Steers dem Marine-Museum von Newport News, Penn., USA, überlassen. Sie besteht aus zahlreichen Modellen kleiner Schoner und Jachten in Holzbauweise, die in der ersten Hälfte des 19. Jahrhunderts von Stapel liefen. Von besonderem Interesse ist ein Modell des New Yorker Lotsenbootes *Mary Taylor* aus dem Jahre 1849. Dieses Boot war vermutlich das Vorbild für die berühmte Jacht *America,* die der New Yorker Schiffsbauer William Brown zwei Jahre später für George Steers konstruierte.

Diese Jacht *America* hatte eine lange und ereignisreiche Geschichte. Mit Unterstützung eines Konsortiums interessierter Geldgeber segelte sie nach England, um eine Regatta um die Insel Wight anzuregen. Die führenden

britischen Jachtbesitzer nahmen die Herausforderung an und stifteten einen Siegerpokal. Die *America* gewann, und zwar so überlegen, daß Königin Victoria, die von ihrer Jacht aus zusah, auf die Frage nach dem Zweiten die Antwort erhielt: „Majestät, es ist leider kein Zweiter zu sehen." 1851 wurde die *America* nach England verkauft, 1853 in *Camilla* umbenannt. 1859 wurde sie in Northfleet umgebaut. 1861 wurde sie nach Amerika zurückgekauft und unter dem Namen *Memphis* in den Dienst der konföderierten Marinestreitkräfte gestellt. Im amerikanischen Bürgerkrieg erhielt sie ein Leck, wurde erobert, von der Marine der Nordstaaten repariert und wieder unter ihrem ursprünglichen Namen in Dienst gestellt. 1873 wurde sie erneut verkauft, 1880 in Boston nochmals umgebaut und dann für Kreuzfahrten und Hochseeregatten bis kurz vor Ausbruch des Ersten Weltkrieges eingesetzt. Seit 1921 ist sie im amerikanischen Marinehafen Annapolis, Maryland, an Land gelegt.
In vielen Schiffsmodell-Sammlungen findet man Modelle der *America.* Das Halbmodell in Newport News im Maßstab 1 : 25 ist auf einem Ahornbrett montiert, das auch zwei Silberplaketten trägt: die eine mit den technischen Daten des Schiffes, die andere mit einer Widmung für Königin Victoria. Sie sollte das Modell als Geschenk erhalten. Aber bevor es ihr übergeben werden konnte, starb der erste Besitzer George Steers mit 37 Jahren. Seine Witwe schenkte das Modell dem damaligen Chefingenieur der US-Streitkräfte, Daniel B. Martin, der mit der Familie Steers befreundet war. Bis

13 Oben – Zwei Ansichten eines betakelten Modells der America, *angefertigt aus Teilen eines Baukastens der Firma Model Shipways Company.*

14 Rechts oben – Wasserlinien-Modelle von Schiffen mit historischer Bedeutung. Die Modelle stehen in gleichem Maßstab zueinander und wurden angefertigt, um die relativen Stärken der wichtigsten Kriegsflotten auf einer Londoner Ausstellung im Jahr 1913 zu demonstrieren.

15 Rechts – Wasserlinien-Modelle aus dem Marinemuseum von Newport News.

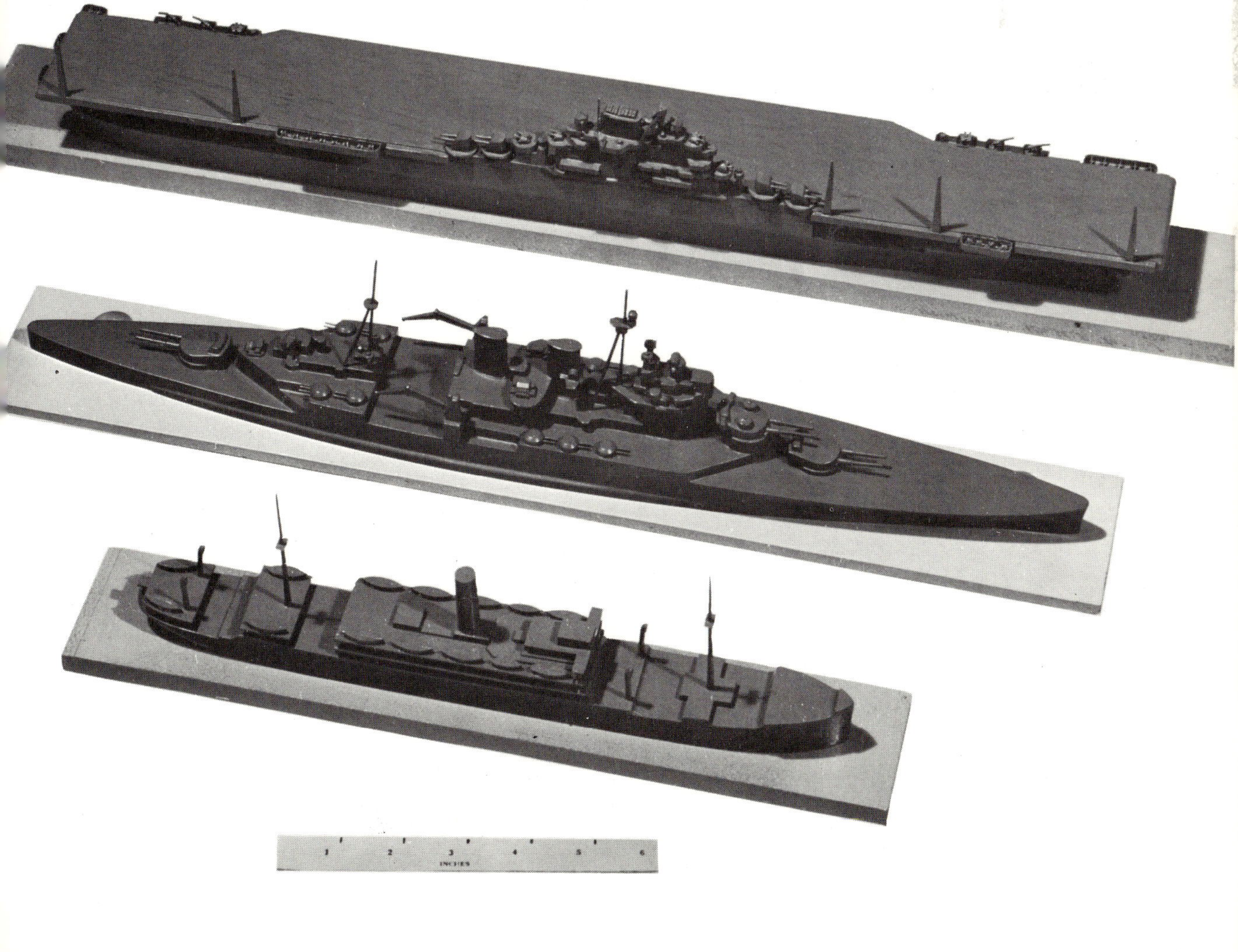
1 2 3 4 5 6
INCHES

1947 blieb das Modell im Familienbesitz der Martins, dann wurde es dem Marine-Museum in Newport News übergeben.
Heute kann jeder, der nicht völlig ungeschickt ist, ein reizvolles naturgetreues Modell der *America* aufbauen. Man braucht sich nur einen Baukasten der Model Shipways Company Inc., Bogota, New Jersey, USA, zuzulegen, für weniger Geld als ein Paar Schuhe kosten. Solch ein Baukasten enthält einen sorgfältig vorgeformten Rumpf aus Kiefernholz, Holzteile für Deckaufbauten, Deckbeplankung mit aufgezeichneten Planken, Beschläge aus Blei und Messing, Material für Tauwerk und Takelage sowie Pläne und Bauanleitung. Auch einige andere Firmen vertreiben Baukästen für Modelle der *America.*
Wasserlinien-Modelle sind solche, die nur die Teile eines Schiffes oder Bootes zeigen, die sich über der Wasseroberfläche befinden. Sie werden vielfach in recht kleinem Maßstab gefertigt. Man montiert sie häufig auf Flächen, die täuschend echt den Eindruck einer bewegten Wasseroberfläche vermitteln. Trotz ihrer Kleinheit können sie dann einen noch realistischeren Eindruck als Modelle mit komplettem Rumpf geben, weil wir eben gewohnt sind, Schiffe auf der Wasseroberfläche zu sehen und nicht auch Rumpfteile, die sich normalerweise unter Wasser befinden.
Das bereits erwähnte Marine-Museum in Newport News besitzt auch eine Sammlung von Wasserlinien-Modellen, die im Zweiten Weltkrieg für die amerikanischen Marinestreitkräfte zum Zwecke der Schiffserkennung gebaut wurden. Die etwa 225 Modelle dieser Sammlung sind in den Maßstäben 1 : 500 und 1 : 200 gefertigt und stellen Kampfeinheiten und Hilfs-

16 Maßstabgerechtes Modell des Clippers Enterprise *in Chester.*

schiffe der USA, Großbritanniens, Frankreichs und Deutschlands aus den Jahren 1941/45 dar. Sie sind sehr sorgfältig ausgeführt.
Es mag zwar unbeteiligten Beobachtern seltsam erscheinen, daß offensichtlich bestimmte Exemplare der Gattung Homo sapiens von dem unstillbaren Drang beseelt sind, Modelle zu bauen. Aber nicht weniger erstaunlich ist die Tatsache, daß andere Mitglieder der menschlichen Gemeinschaft offenbar den unwiderstehlichen Drang verspüren, Modelle zu sammeln.
Man infiziert sich mit dieser Sucht meist zufällig. Ein Mann, der sich selbst als einen „durchschnittlichen Sammler" einstuft, schilderte, wie er einst mit seiner Frau in einem Küstenort von Yorkshire eine Antiquitätenbude durchstöberte und dabei zufällig erstmals auf ein Schiffsmodell gestoßen ist. Er kaufte es für ein Pfund Sterling. Das war vor mehr als 25 Jahren. Heute besitzt das Ehepaar rund 30 Schiffsmodelle, darunter einige von beträchtlichem Wert. Jeder verfügbare Platz in ihrer Wohnung ist mit Glaskästen verstellt. Sie mußten bereits in eine größere Behausung umziehen, um neuen Raum zu gewinnen, denn sie sind ja nicht sicher, ob sie nicht demnächst weitere Modelle unbedingt erwerben müssen.
Aus welchem Anlaß auch immer eine Sammlung entstehen mag: stets hat sie die Tendenz, sich zu vergrößern. Sie wechselt vielleicht ein paarmal den Besitzer, bis schließlich einer sie einem Museum schenkt und sie so der Öffentlichkeit zugänglich macht. Auf diese Weise sind die hervorragenden Sammlungen von Schiffs- und Bootsmodellen entstanden, die man oft kostenlos in den Städten fast jedes Landes der Erde, das Beziehungen zur Seefahrt hat, bewundern kann.

17 Die Rumpflänge dieses Modells der Friendship *im Peabody Museum in Salem, Mass., USA, beträgt 2,7 Meter.*

In all diesen Sammlungen findet man immer einige Modelle, deren Wert nur der Kenner voll zu schätzen weiß. Sehr viele andere Modelle aber bereiten auch Leuten ohne spezielle Kenntnisse technischer Details oder seegeschichtlicher Zusammenhänge großes Vergnügen und erwecken ihr Interesse, weil sie – ganz abgesehen von der Qualität ihrer Ausführung – die Erinnerung an irgendwelche historische Ereignisse wachrufen. Im Grosvenor-Museum von Chester, England, steht zum Beispiel ein Modell des Clippers *Enterprise,* eines der letzten Schiffe, die den Hafen von Chester anliefen, ehe er vollständig verschlammte. Die *Enterprise* transportierte militärische Güter zwischen Chester und Woolwich und legte einmal die über 1100 Kilometer lange Seestrecke in nur 72 Stunden zurück. 1888 ging sie mit ihrer vierköpfigen Besatzung unter. Das Modell wurde von W. Lewis aus Port Erin auf der Insel Man in der Irischen See erbaut, der von 1883 bis 1887 auf der *Enterprise* fuhr.

Die Vereinigten Staaten besitzen zahlreiche wertvolle Sammlungen von Schiffsmodellen, zum Beispiel im Nationalmuseum von Washington, in der Marine-Akademie der Vereinigten Staaten in Annapolis, im bereits mehrfach erwähnten Marine-Museum von Newport News, im River-Museum in Marietta, Ohio, im Bostoner Marine-Museum und im Maritime-Museum von San Francisco. Erwähnenswert sind ferner die Sammlungen der Akademie der Handelsmarine in Kings Point, New York, und des Walfang-Museums in Nantucket. Auch das Museum der Old Dartmouth Historical Society in New Bedford, Massachusetts, sollte nicht übersehen werden.

Das bereits 1799 gegründete Peabody-Museum in Salem, Massachusetts, besitzt ungefähr 700 betakelte Modelle und Halbmodelle, darunter das älteste zeitgenössische der Fregatte *Constitution,* das vom Kommandanten des Schiffes, Captain Isaac Hull, 1813 dem Museum zur Verfügung gestellt wurde. Ferner befindet sich dort das 2,7 Meter lange Modell der *Friendship,* die 1797 in Salem gebaut worden war. Das Modell war vom Schiffszimmermann an Bord des Schiffes während einer Fahrt nach Sumatra angefertigt worden; eingeborene Metallhandwerker haben dann dort die Messingkanonen für das Modell gegossen. Der Schiffszimmermann hatte das Modell als Geschenk für den kleinen Sohn seines Kommandanten, Captain William Story aus Salem, gebaut, aber das Riesenspielzeug konnte im Haus des Captains unmöglich untergebracht werden. Deshalb wurde es – sicherlich nicht ohne Betreiben von Frau Story – 1803 ins Peabody-Museum geschafft, gewissermaßen hinter dem Rücken des Schiffszimmermanns, den man nicht kränken wollte.

Auch in Großbritannien befinden sich zahlreiche öffentliche Sammlungen von Schiffs- und Bootsmodellen. Eine der größten und für Fremde am leichtesten erreichbare besitzt das Science-Museum in South Kensington, London. Sehenswert sind auch die Sammlungen des Imperial War-Museums in London und die kleinerer Museen in Bristol, Edinburgh, Glasgow, Hull, Liverpool, Portsmouth und Plymouth. Allerdings kann sich keine die-

18 Modell der Fregatte Seahorse, *vermutlich aus einem Stück des Hauptmastes des französischen Flaggschiffs* L'Orient *angefertigt.*

ser Sammlungen mit der des British National Maritime-Museums in Greenwich vergleichen.

Dieses Museum liegt am Themseufer einige Kilometer stromabwärts von London. Die Sammlung ist in einem Haus untergebracht, das von Inigo Jones für die Gemahlin König Jakob I., Anna von Dänemark, errichtet worden war. Zahlreiche Modelle im Museum von Greenwich sind 1934 vom Royal Naval College (einst als königliches Palais von Sir Christopher Wren erbaut) in die Sammlung übergegangen. Diese Modelle stammten aus Sammlungen des Inspektors der Königlichen Flotte von 1813 bis 1832, Sir Robert Seppings, sowie des Greenwich-Hospitals für invalide Seeleute und aus dem Privatbesitz von James Caird, der 1929 den gesamten Bestand der Ausstellungsstücke des Schulschiffs *Mercury* aufgekauft und durch spätere Zukäufe erweitert hatte.

Es ist kaum verwunderlich, daß eine aus so vielen Quellen zusammengetragene Sammlung eine große Anzahl von Modellen enthält, die für Laien ebenso interessant sind wie für Fachleute. Da ist zum Beispiel ein Modell der mit 38 Geschützen bestückten Fregatte *Seahorse.* Mit großer Wahrscheinlichkeit wurde der Rumpf aus einem Stück Holz vom Großmast der *L'Orient* gefertigt, dem französischen Flaggschiff in der Schlacht am Nil im Jahr 1798.

Das aus Silber gefertigte Modell des Flaggschiffs *Britannia* mit 120 Geschützen war ein Geschenk der Königlichen Marine an Königin Victoria zu deren 50jährigem Regierungsjubiläum 1887. Das Modell der Dampfjacht *Delphin* dagegen wurde 1822 von einem Handwerker, Allan Hunt, im 81. Lebensjahr erbaut und mit Uhrwerksantrieb ausgerüstet.

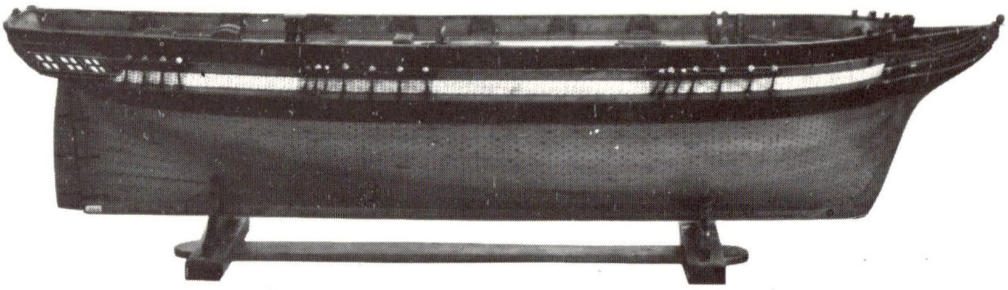

Manchmal findet man in alten Schiffsmodellen interessante und amüsante Notizen und Dokumente. In Greenwich steht das Modell des Frachtschiffes *Samuel Enderby.* Das bescheidene Schiff war 1834 für die Herren Enderby in London erbaut worden und diente sowohl als Walfänger als auch als Handelsschiff. Der Sohn des Schiffsbauers, Samuel White, fertigte das Modell. Als man es 1947 restaurierte, fand man in dem Rumpf einen Zettel mit folgendem Text:

„Dieses Modell wurde von Sam White, West Cowes, Insel Wight, erbaut, fertiggestellt Weihnachten 1835 und überreicht den Herren Charles Henry und George Enderby als Modell eines Schiffes mit Namen *Samuel Enderby* (deren Vater), erbaut von meinem Vater für die Südpolar-Walfischerei-Gesellschaft 1834. Erste Reise in südliche Gewässer im Oktober 1834, und ich weiß der Du dies liest wirst sagen: ‚Schön, der alte Knabe ist nun seit Jahren tot, jawohl; Dein Atem ist noch warm, aber Du wirst Dich zu Sam White gesellen, deshalb bereite Dich auf den Tod vor solange Zeit ist, damit Dein Sterben Dir einen dauernden Platz in der Ewigkeit endloser Seligkeit sichert – Gute Nacht.' Sam White geboren 1815."

Der zwanzigjährige Samuel White war entweder ein sehr frommer Modellbauer oder aber er besaß eine gute Portion schwarzen Humors.
Das Greenwich-Museum gibt einen tiefen Einblick in die Geschichte einer großen Nation von Seefahrern. Aber es ist nicht das einzige dieser Art in Europa. Schwedens Küstenlinie ist 2700 Kilometer lang – so lang wie die Küste von der Nordspitze Dänemarks bis zur französisch-spanischen Grenze. Ein großer Teil der Bevölkerung Schwedens lebt direkt von der See, und zwar seit Jahrhunderten. Das Historische Nationalmuseum in Stockholm wurde so eingerichtet und ausgestattet, daß es so anschaulich wie irgend möglich den Lebensbereich und die Taten schwedischer Seeleute vor Augen führt. Besonders interessant, als einzelnes Ausstellungsstück, ist in dieser Hinsicht das Modell der Docks und Werften von Stockholm, wie sie ums Jahr 1780 ausgesehen haben.
Das französische Marinemuseum besitzt eine der wichtigsten Sammlungen von Schiffsmodellen überhaupt. Man findet dort Modelle von großem historischem Wert, etwa ein Modell des Linienschiffes *Le Royal-Louis* aus dem Jahre 1692 und eines der *Louis XV,* das vermutlich als Unterrichtsmo-

19 Oben – Rumpfmodell der Samuel Enderby, *in dem man eine schriftliche Mitteilung fand.*

20 Rechts – Modell der Amarant *mit 50 Geschützen im Staatlichen Museum für Seefahrtsgeschichte, Stockholm.*

21 Rechts unten – Ausschnitt eines Modells einer alten Werft mit Docks im gleichen Museum.

dell für den französischen König in seiner Kindheit gedient hat. Das Modell der *Ville de Dieppe* war ein Geschenk der Bürgerschaft von Dieppe an Napoleon I. anläßlich der Geburt seines Sohnes, des Königs von Rom. Auch Modelle neuerer Schiffe enthält die Sammlung, so zum Beispiel eines des Hubschrauber-Trägers *Jeanne d'Arc,* der 1961 von Stapel lief. Die Sammlung ist jetzt im Palais de Chaillot in Paris untergebracht. Kleinere Sammlungen besitzen die Museen von Bordeaux, Brest, Dünkirchen, Marseille, Rochefort und Toulon. Das Museum in St. Malo zur Erinnerung an die Kaperschiffe, die von dieser Felseninsel aus operierten, ist im Zweiten Weltkrieg vollständig zerstört worden.

22 Modell eines Schiffes, das Christoph Kolumbus etwa als die Pinta *in seiner Flotte mitgeführt haben könnte, angefertigt 1892 nach Rekonstruktionsversuchen von Kapitän Enrico D'Albertis und ausgestellt im Museo Navale in Genua.*

Die bedeutendsten dänischen Sammlungen besitzen das Marinemuseum in Kopenhagen und das Museum für Handel und Schiffahrt im Schloß Kronburg bei Elsinore. Dieses Museum vermittelt einen geschlossenen Überblick über die Entwicklung des dänischen Seehandels.

Einige der wertvollen Sammlungen von Schiffs- und Bootsmodellen in Deutschland sind leider dem Zweiten Weltkrieg zum Opfer gefallen. Die Sammlung des Deutschen Museums in München wurde stark beschädigt und teilweise vernichtet. Die Schiffsmodelle des Kolonial- und Übersee-Museums und des Focke-Museums in Bremen wurden vollständig zerstört. Vorzügliche Kollektionen von Schiffsmodellen findet man aber in Hamburg-Altona, in Flensburg, wo unter anderem ein zeitgenössisches Modell

23 Dieses Modell der Wasa *mit ihren 60 Geschützen steht im Seefahrtsmuseum von Gothenborg. Die* Wasa *wurde 1778 auf der Werft von Karlskrona gebaut.*

des dänischen Kriegsschiffes *Urania* aus dem Jahre 1690 zu sehen ist, sowie in Lübeck, in Tönning und in einigen anderen deutschen Städten.
Hollands bedeutendste Sammlungen von Schiffsmodellen kann man in Amsterdam bewundern. Das dort befindliche Niederländische Schiffahrts-Museum besitzt zahlreiche Modelle von Kriegsschiffen, Handelsschiffen, Fischereifahrzeugen und Binnenschiffen. Einige Modelle sind auch in der Historischen Abteilung des Rijksmuseums ausgestellt. Das Marinemuseum „Prins Hendrik" in Rotterdam besitzt neben zahlreichen anderen Modellen das bekannte Votiv-Modell aus der Kirche von Mataró, von dem noch ausführlich die Rede sein wird.
Diese Aufzählung großer öffentlich zugänglicher Sammlungen von Schiffs- und Bootsmodellen ließe sich fast beliebig fortsetzen – bis es unseren Lesern langweilig wird. Wir haben das norwegische Marinemuseum in Oslo, die Marinemuseen in Bergen, in Lissabon, in Madrid und das Historische Museum in Venedig noch nicht erwähnt. Aber auch aus diesen und anderen Sammlungen werden Modelle in diesem Buch beschrieben.

2 Schiffe der Frühzeit und ihre Modelle

Schiffe werden gebaut und verrotten wieder. Nur die von ihnen gebauten Modelle, die keiner Abnützung und nicht dem Einfluß des Wassers unterliegen, bleiben unter günstigen Umständen über viele Jahrhunderte erhalten. Es ist deshalb naheliegend, daß die an der Geschichte der Seefahrt und des Schiffbaus Interessierten zeitgenössische Schiffsmodelle, deren sie noch habhaft werden können, als die wichtigsten Informationsquellen für ihre Studien benutzen. Jedes Modell eines bedeutenden Schiffes, das abgewrackt oder sonstwie verlorengegangen ist, wird sofort zu einem wichtigen historischen Dokument, wenn es die charakteristischen Züge des Originals exakt wiedergibt.

Modelle von Schiffen wurden schon vor mindestens 5000 Jahren gefertigt. Es ist durchaus möglich, daß man noch ältere entdeckt, vielleicht auf Kreta, den Ägäischen Inseln oder in irgendeinem anderen Teil des östlichen Mittelmeergebietes, in dem die frühesten Hochzivilisationen entstanden.

Primitive Modelle aus der Bronzezeit bilden den Anfang der Geschichte des Schiffsmodellbaus. Sie sind grob aus Ton modelliert und stellen kanuartige Boote dar, die aus einem Baumstamm gearbeitet waren. Die Stämme wurden mit primitiven Werkzeugen oder durch Brand ausgehöhlt. Auch heute noch sind bei Naturvölkern solche Einbäume ebenso in Gebrauch wie Flöße oder Wasserfahrzeuge aus Lederbälgen, die in erster Linie zur Überquerung von Flüssen und zum Verkehr auf Binnenseen dienen. Leider aber zeigen diese frühen Modelle aus dem Mittelmeerraum so wenige Details, daß sie, außer für Experten, kaum von besonderem Interesse sind. Der Bau echter, klar erkennbarer und detaillierter Schiffsmodelle begann erst im Alten Ägypten, an den Ufern des Nil.

In den frühen ägyptischen Dynastien, von denen wir ein klares Bild besitzen, fand der Transport auf dem Nil mit kahnartigen Schiffen aus Schilf statt. Offensichtlich waren sie gar nicht so zerbrechlich, wie es dieses

24 Das Votivmodell aus der Kirche von Mataró, eine Karavelle aus dem 15. Jahrhundert, heute im Museum „Prins Hendrik" in Rotterdam.

Schiffsbaumaterial vermuten läßt. Es gab ziemlich große Fahrzeuge, die bedeutende Lasten beförderten.
Später wurden die Nilschiffe aus Holz gefertigt. Aber es stand nur Akazienholz zur Verfügung und zwar in recht kurzen und unregelmäßigen Längen. Dies beschränkte die konstruktiven Möglichkeiten. Erst als in noch späterer Zeit Zedernholz aus dem Libanon eingeführt wurde, waren die ägyptischen Schiffszimmerleute in der Lage, anspruchsvollere Techniken zu entwickeln.
Die Rümpfe der ägyptischen Schiffe waren flach und in der Art eines Löffels geformt. Am vorderen und am hinteren Ende waren sie zwar spitz geformt, aber sie besaßen keine Steven, keine Kiele und keine Spanten. Beim Aufbau wurde zuerst die Beplankung entlang der Symmetrielinie des Rumpfes zusammengefügt. Dann wurde entlang der oberen Bordkanten beplankt, so daß man ein Gerippe erhielt. Zwischen die Kielbeplankung und die Bordseitenwände wurde dann der Rumpfboden eingefügt und so der Rumpf geschlossen. Die Montage der Planken erfolgte durch Holzbolzen und gegenseitige Verkeilung.
Ein kleines Modell im Science Museum in London vermittelt einen guten Eindruck eines frühen ägyptischen Schiffes. Es wurde in der Werkstatt des Museums nach der Schiffsdarstellung auf einem Relief aus der Pyramide des Königs Sahure bei Kairo in den Werkstätten des Museums gefertigt. Dieses Relief, das in die V. Dynastie zu datieren ist (etwa 2600 v. Chr.), zeigt die älteste bekannte Abbildung eines Schiffes, das offensichtlich seegängig war.
Besonders interessant an diesem Modell ist eine Seilverbindung, die mittschiffs vom Bug bis zum Heck läuft. Das Seil ist innerhalb des Rumpfes durch mehrere vertikale Pfosten abgestützt. Es wurde durch eine Art Winde gespannt, und zwar in der einfachsten Form mittels eines Stocks, der als Hebel benutzt wurde, um das Seil in sich zu verdrehen, denn alle sehr flachen Rümpfe haben die Tendenz, sich in Rumpfmitte, wo der Auftrieb am stärksten wirkt, hochzubiegen, also Bug und Heck zu senken. Das Seil diente also zur Erhöhung der konstruktiven Stabilität.
Niemand weiß, wann und wo man erstmals auf die Idee kam, den Wind zum Antrieb eines Schiffes auszunutzen; der Beginn der Segeltechnik verliert sich im Dunkel der Vorzeit. Eine sehr kleine Darstellung eines besegelten Bootes ist auf der Bemalung einer Vase zu finden, die mindestens 6000 Jahre, wenn nicht älter, ist. Dargestellt ist als Silhouette ein primitives Fahrzeug mit einem Mast, der im Vorschiff sitzt und ein etwa rechteckiges Segel trägt. Solch eine Besegelung ist natürlich nur für die Fahrt direkt im Wind brauchbar.
Aber um das Jahr 2000 v. Chr. haben die Ägypter bereits weiterentwickelte Segelboote benutzt. Reliefs aus dieser Zeit zeigen besegelte Fahrzeuge mit einem zwischen Rahen gesetzten Segel. Zwei oder drei Dutzend Ruderer trieben das Schiff vorwärts, wenn der Wind zum Segeln nicht günstig stand.

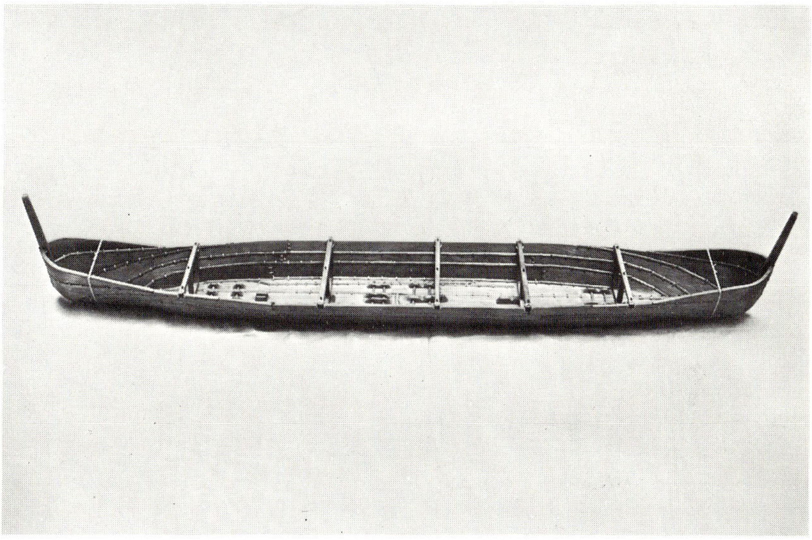

25 Oben – Maßstabgerecht in Modellgröße nachgeformte Teile eines Bootes aus der Bronzezeit, wie sie in North Ferriby, Yorkshire, England, gefunden wurden.

26 Mitte – Modell-Nachkonstruktion des Bootes von Ferriby.

27 Rechts – Modell eines altägyptischen Segelschiffs, dessen Prototyp eines der ersten seefähigen Wasserfahrzeuge gewesen sein könnte.

28 *Modell eines altägyptischen Schiffes aus der Zeit etwa um 2000 v. Chr. mit Segel.*

Von größerer Bedeutung, im Sinn dieses Buches, sind zeitgenössische Schiffsmodelle, die man in den Gräbern der Pharaonen und hochgestellten Personen der damaligen Zeit gefunden hat und die uns zusätzliche Informationen über Steuerruder, Kabinen auf Deck und andere Einzelheiten dieser Schiffe geben. Nach altägyptischem Glauben konnte sich der Mensch nach seinem Tod auf dem trockenen Land überall hinbegeben, wohin er wollte, aber er benötigte Hilfe, um Gewässer, wie etwa den Nil, zu überqueren. Deshalb gab man den Toten Modelle von Booten, sogenannte Totenschiffe, mit ins Grab, um ihnen solche Überfahrten zu ermöglichen. Das Grab von Mehenkvetre, Kanzler des Pharao Mentuhotep, war zum Beispiel mit Modellen aller Art geradezu verschwenderisch ausgestattet; man fand Modelle von Häusern, Modelle von Tieren, von Haushaltsgegenständen und von anderen Dingen, darunter auch solche von mehreren Booten, wie sie aus Papyrus oder aus Holz gefertigt damals auf dem Nil verkehrten.
Ein anderes sehr bemerkenswertes Modell, das sich heute im Science Museum in London befindet, stammt aus dem Grab von Beni-Hasan, das in die XII. Dynastie zu datieren ist. Als man es fand, fehlten die Masten und Segel; sie wurden aber entsprechend der Betakelung anderer Modelle rekonstruiert, die etwa aus der gleichen Zeit stammten und die man in Theben gefunden hatte.

Alle zeitgenössischen ägyptischen Bootsmodelle aus der XI. und XII. Dynastie (etwa 2000 bis 1900 v. Chr.), die uns erhalten blieben, sind in sogenannter Blockbauweise gefertigt. Stets ist der Rumpfboden so abgeflacht, daß das Modell ohne Stützen aufrecht steht. Dies ist eine besondere Konstruktionsbauweise des Modells, die über das Vorbild leicht falsche Vorstellungen vermitteln könnte. Auch heutige Modelle, die im Gebiet des Ganges angefertigt werden, zeigen solche abgeflachten Rumpfböden.
Über die Gebräuche im Alten Ägypten unterrichtet ein Modellnachbau eines Begräbnisschiffes aus dem 12. Jahrhundert, der sich im Science Museum, London, befindet. (Es handelt sich hier also nicht um ein zeitgenössisches Modell.) Schiffe dieser Art wurden jeweils nur ein einziges Mal benutzt, und zwar dienten sie dazu, um die Leiche einer verstorbenen, bedeutenden Persönlichkeit zum Begräbnis über den Nil überzusetzen. Das Original wurde 1893 nahe der 4000 Jahre alten Pyramide von Dahschur ausgegraben und befindet sich heute im Museum von Kairo.
Der Rumpf des Schiffes hat seine größte Breite vor der Schiffsmitte, in Längsrichtung gesehen. Auf dem Modell im Maßstab 1 : 10 ist die Originalbemalung des Schiffes sorgfältig wiedergegeben. Die rohe Holzoberfläche des Originals war jedoch mit einer Gipsschicht geglättet, die einen festen Grund für die Bemalung abgab.
Die Phönizier und die Griechen der Antike waren weitaus bessere Seefahrer als die alten Ägypter, aber man hat niemals zeitgenössische Modelle ihrer sehr viel besser konstruierten Schiffe gefunden. Allerdings besitzt man eine ganze Anzahl von Darstellungen der verschiedenen Teile ihrer Kriegs- und Handelsschiffe, dargestellt auf Skulpturen, auf Vasen und auf Wandreliefs. Es war deshalb möglich, mit Sicherheit recht naturgetreue Modelle dieser relativ schnellen und eleganten Fahrzeuge anzufertigen, ohne die recht unzuverlässige Phantasie stark beanspruchen zu müssen.
Griechische Galeeren mit bis zu 50 Ruderern auf zwei übereinanderliegenden Bankreihen wurden Biremen genannt und waren Holzkonstruktionen mit Spanten. Die korinthischen Schiffszimmerleute entwickelten aber ihre handwerkliche Technik weiter und gaben sich mit dieser Form der Kriegsschiffe nicht zufrieden.
Triremen waren noch anspruchsvollere Konstruktionen. Eine Trireme besaß 180 Ruderer, die auf drei übereinanderliegenden Bankreihen saßen, auf der obersten Reihe an jeder Schiffsseite 30, auf der mittleren und unteren Bankreihe je 27 Ruderer. Außerdem hatten die Schiffe zwei Steuerruder. Funde aus den Docks von Piräus zeigen, daß kein Riemen länger als 4,35 Meter war. Anhaltspunkte für die Größe dieser Schiffe gibt ein geschichtlicher Werftplatz im Hafen von Zea: Die Triremen müssen ungefähr 45 Meter lang bei einer größten Breite von etwa 4,80 Metern gewesen sein. Das war eine zu geringe Breite, um die Riemen in den Bordseitenwänden zu lagern. Ihr Drehpunkt befand sich deshalb auf Auslegern außen am Rumpf, über welche die Gesamtbreite rund 5,7 Meter betrug.

Alle bekannten zeitgenössischen Darstellungen griechischer Galeeren zeigen, daß jede Bireme und Trireme einen Mast mit einem Segel an einer Rah besaß, das bei der Fahrt im Wind benutzt wurde. Auf einigen Vasenbemalungen kann man erkennen, daß zum Kampf oder beim Rudern gegen den Wind der Mast umgelegt werden konnte. Er ruhte dann auf einem Y-förmigen Träger, wie ihn noch heute Segelboote zur Lagerung des Großbaumes besitzen.

Gegen Ende des 2. Jahrhunderts n. Chr. wurden die Römer zur führenden Macht im südlichen und westlichen Europa; auf den Seerouten des Mittelmeers verkehrten ihre Schiffe mit Mannschaften und Waffen oder mit Korn und anderen Gütern beladen. Die von den Römern benutzten Galeeren haben sich offensichtlich nicht sehr von denen der Griechen unterschieden. Aber ihre für den Frachtverkehr entwickelten Schiffe besaßen breite und rundgebaute Rümpfe, im Gegensatz zu den langen und schmalen Biremen und Triremen. Diese schwerbeladenen Fahrzeuge konnten kaum allein durch Ruderer bewegt werden. Die Segeltechnik entwickelt sich weiter, das Ruderschiff verlor an Bedeutung.

Von Reliefs aus Ostia und Porto an der Mündung des Tibers, sowie aus Tharsus und Sidon an der syrischen Küste wissen wir, wie die römischen Kauffahrteischiffe gebaut und betakelt waren. Mehrere sehr instruktive Modelle wurden nach diesen zeitgenössischen Darstellungen rekonstruiert. Sie sind wichtige Schaustücke in den großen Museen mit Modellsammlungen überall auf der Erde.

Jedes Schiff besaß mittschiffs einen Mast mit einem viereckigen Rahsegel, dem sogenannten Lateinsegel. Oberhalb der Rah waren noch zwei oder mehrere dreieckige Topsegel gesetzt, über dem Bug stand steil ein Baum vor, der Artemon, heute würden wir sagen ein Klüverbaum, der ein kleineres Vorsegel trug. Mit großer Sicherheit diente dieses Vorsegel dazu, das Schiff auf Kurs zu halten, denn ein Wasserfahrzeug mit nur einem Segel wird sehr leicht aus dem Wind gedreht. Nach dem Zerfall des Römischen Reiches jedoch wurden offensichtlich keine Schiffe mehr mit diesem so nützlichen Hilfssegel gebaut. Man trifft es in modifizierter Form erst wieder in der zweiten Hälfte des 15. Jahrhunderts, nachdem der flachstehende Klüverbaum, oft auch Bugspriet genannt, erfunden war, als das dreieckige sogenannte Klüversegel, von dem dann später mehrere am Klüverbaum gesetzt wurden.

In den unruhigen Zeiten der Völkerwanderung nach dem Zerfall der römischen Macht kam es zunächst über mehrere Jahrhunderte kaum zu bemerkenswerten Weiterentwicklungen des Schiffsbaus im Mittelmeer. Dafür entwickelte sich die Schiffsbautechnik im nördlichen Europa. Um die fundamentalen Unterschiede zwischen der süd- und der nordeuropäischen Schiffsbautechnik zu verstehen, muß man die beiden Hauptarten der Rumpfbeplankung, den Kraweel- und den Klinkerbau näher betrachten. Bei der Kraweelbeplankung werden die einzelnen Beplankungshölzer fu-

29 Oben – Modellnachbau einer griechischen Galeere etwa aus dem 4. Jh. v. Chr.

30 Links – Modell eines römischen Handelsschiffes aus dem 2. Jh. n. Chr.

genlos mit ihren Schmalkanten gegeneinanderstoßend gesetzt. Die Stoßkanten werden so behobelt, daß die Beplankung eine völlig glatte und stoßfreie Oberfläche ergibt. Die einzelnen Planken überlappen sich also nicht.
Bei der Klinkerbauweise aber überlappen sich die einzelnen Planken. Sie werden auf den Spanten befestigt und miteinander verfugt. Klinkerbeplankte Rümpfe erkennt man sofort an den dachziegelartigen Überlappungen, den „Stufen", welche die überstehenden Kanten der Planken bilden. Die üblichen Ruderboote von heute sind zum Beispiel fast ausschließlich in Klinkerbauweise beplankt, Segelsportboote in Holzbauweise besitzen dagegen meist Kraweelbeplankung.
Die Klinkerbeplankung ist eine Entwicklung aus dem nördlichen Europa. Wahrscheinlich ergab sie sich bei der Weiterentwicklung des Einbaums, an den man seitlich Längsplanken anbrachte, um die Bordwand zu erhöhen und um dem kleinen Wasserfahrzeug etwas größere Breite zu geben und ihm damit höhere Stabilität im Wasser zu verleihen.
Die Überreste eines beplankten Fahrzeugs, das eine bescheidene Weiterentwicklung einer solchen Bauweise erkennen läßt, wurde 1922 auf einer Farm bei Hjortspring auf der Insel Alsen entdeckt. Es stammt aus der Zeit zwischen 400 bis 200 v. Chr. Sein Rumpf bestand aus fünf breiten Längsplanken, die mit Seilknoten verbunden waren. Die Unterkante jeder Planke überlappt in Klinkerbauweise die Oberkante der nächsten, kielwärts gelegenen Planke. Ferner waren an jeder Planke Ösen aus Haselnußholz angebracht, mit denen sie fest an die Spanten gebunden werden konnte.
Der nächste Schritt in der Entwicklung der Klinkerbauweise zeigt sich beim Studium des sogenannten Nydam-Boots aus der Zeit von etwa 400 n. Chr., das 1863 in Schleswig gefunden wurde. Der ungedeckte, aus Eichenholz gebaute Rumpf besaß keinen Kiel im heutigen Sinn, sondern eine starke durchlaufende Kielplanke mittschiffs, an der nach jeder Seite fünf sich überlappende, mit Eisennägeln zusammengenagelte Planken angebracht waren. Die 19 Spanten waren, wie auch bei dem Boot aus Alsen, mit den Planken verschnürt.
Das 1920 in Norwegen gefundene Boot von Kvalsund stammt aus dem 7. Jahrhundert n. Chr. Es ist deshalb von historischer Bedeutung, weil es einen geformten Kiel besitzt, der eine Art Zwischenkonstruktion zwischen der Kielplanke des Nydam-Boots und dem echten hochstehenden stabilen Kiel darstellt, der den späteren Wikingerschiffen die unübertreffliche konstruktive Stabilität verlieh.
Diese gewöhnlich als Langschiffe bekannten eleganten Boote, die im 10. und 11. Jahrhundert über die nördlichen Gewässer zogen, finden bei den heutigen Modellbauern großes Interesse. Wir wissen ziemlich genau, wie diese außergewöhnlichen Schiffe ausgesehen haben, weil man zwei praktisch unzerstörte Exemplare entdeckt hat, die restauriert werden konnten,

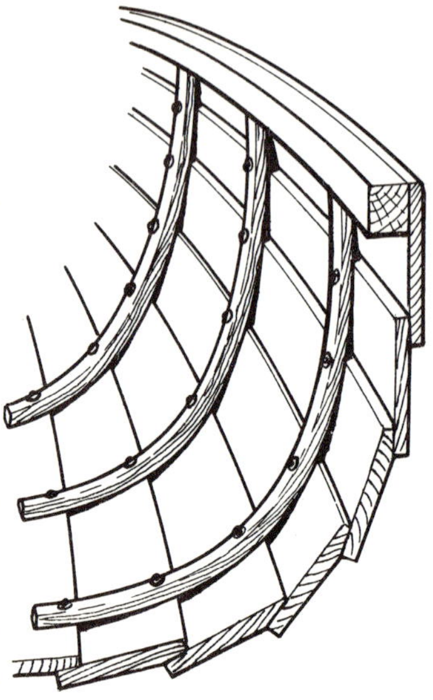

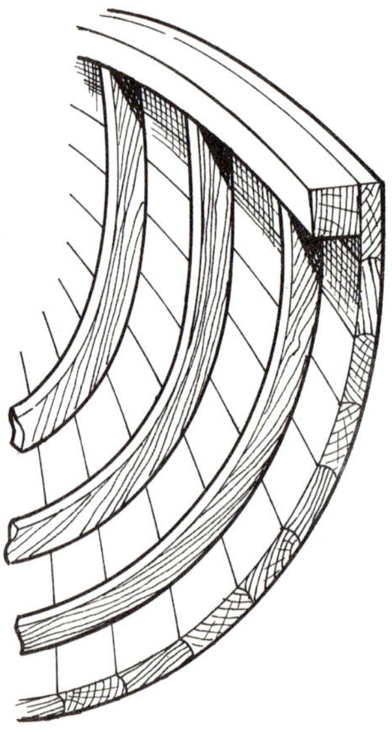

31 Schematische Darstellung der Klinkerbeplankung oben und der Kraweelbeplankung darunter.

Drei Modelle von Wikinger-Schiffen: oben (32) – Modell des Schiffes von Gokstad; Mitte (33) – 3,6 m langes Modell für den Spielfilm der Columbia „Longships"; unten (34) – Modell im Museum von Greenwich.

eines 1880 in einem Grabhügel bei Gokstad in der Nähe von Sandefjord in Norwegen und das andere 1904 bei Oseberg, ebenfalls in Norwegen.
Das Oseberg-Schiff ist nach den Feststellungen der Fachleute das ältere. Sein Rumpf besteht aus Eichenholz und besitzt jeweils 12 Planken in Klinkerbauweise auf jeder Seite des kräftigen Kiels. Die obersten Planken besitzen Öffnungen als Dollen zur Lagerung von je 15 Riemen auf jeder Rumpfseite; zum Segeln bei günstigem Wind konnte ein Mast aufgestellt werden. Die Rumpfenden sind hochgezogen und mit je einer Standfläche für Ausguckposten versehen. Bemerkenswert sind auch die geschnitzten Figuren an den Rumpfenden.

Auch das Schiff von Gokstad besteht aus Eichenholz, hat eine Länge von 24 Metern und eine größte Breite von 5,10 Metern. Wie beim Oseberg-Schiff sind seitlich des kräftigen Kiels jeweils die Planken in Klinkerbauweise gesetzt, 16 auf jeder Rumpfseite.
Auch dieses Schiff konnte besegelt fahren und besaß 32 Riemen, 16 auf jeder Seite. Jeder Riemen war etwa 5,30 Meter lang. Wie auch beim Oseberg-Schiff waren die Riemen in Dollenlöchern in der Schiffswand gelagert, die Dichtvorrichtungen besaßen, um das Eindringen von Wasser bei der Fahrt unter Segel zu verhindern. Zum Steuern diente ein Ruder, das an einem konischen Ausleger nahe des hinteren Schiffsendes auf der rechten, der Steuerbordseite, angebracht war.

Als das Schiff von Gokstad fast 10 Jahrhunderte, nachdem es von der Erde verschüttet worden war, ausgegraben wurde, befanden sich außen am Dollbord angebracht noch immer 32 zweifarbig bemalte Schilde. Obgleich man höchstwahrscheinlich die Schilde nur bei günstigem Seegang außenbords hängte, werden seitdem fast alle Modelle von Wikingerschiffen mit dekorativ außenbords angebrachten Schilden gefertigt. Mehrere Modellbaufirmen, unter anderem die Marine Modell Company Inc. in Halesite, Long Island, und in Deutschland die Firma Johannes Graupner, Kirchheim, vertreiben Baukästen, aus denen exakte Modelle von Wikingerschiffen konstruiert werden können.
Nach den schiffsbautechnischen Pionierleistungen der Wikinger entwikkelte sich in Nordeuropa im Mittelalter das Segelschiff relativ schnell weiter. Der Teppich von Bayeux in der Normandie zeigt ziemlich genau, wie die Schiffe im 11. und 12. Jahrhundert ausgesehen haben. Sie glichen in vieler Hinsicht den Wikingerschiffen. Da aber vom Riemen immer weniger Gebrauch gemacht wurde, und statt dessen immer mehr von den Segeln, mußten die Rümpfe breiter und mit größerem Tiefgang gebaut werden, damit die Schiffe auch noch unter dem Winddruck immer größerer Segelflächen kentersicher im Wasser lagen.

Die Schiffsbautechniken in Nordeuropa während des 13. und 14. Jahrhunderts können wir leider nicht anhand zeitgenössischer Modelle studieren, denn es sind keine überliefert. Es gibt auch nur wenige Abbildungen, und diese zeigen kaum etwas von der Kunstfertigkeit der Schiffsbauer, denn das

Anliegen mittelalterlicher Künstler war fast ausschließlich die Darstellung religiöser Themen. In der damaligen Zeit rascher Entwicklung des Schiffsbaus wurden jedoch an aufstrebende Städte vielfach sehr freigebig Privilegien verliehen. Die Echtheit der betreffenden Urkunden wurde meist durch angehängte Wachssiegel verbrieft, die Stempeleindrücke mit entsprechenden Emblemen erhielten. Die Siegel für Urkunden der Küstenstädte zeigen oftmals Darstellungen von Schiffen und Booten. Sie sind zum Teil sehr sorgfältig ausgeführt, die Stempel wurden von geschulten Handwerkern, die auch gute Zeichner sein mußten, in Metall geschnitten. Allerdings waren diese Leute keineswegs immer mit allen Feinheiten des Schiffsbaus vertraut; die Darstellungen darf man deshalb nicht allzu authentisch nehmen. Vor allem zeigen sie deshalb vielfach Verzerrungen, weil der Siegelschneider eine runde Fläche dekorativ gestalten mußte; deshalb sind die Schiffe meist sehr viel kürzer und plumper dargestellt, als die Originale waren. Dennoch bieten diese Siegel sehr wichtige authentische Hinweise. Sie zeigen bildhaft, wie Schritt für Schritt die quadratisch geformten Ruder an den Schiffsseiten in längliche Ruder umgeformt wurden. Das Siegel von Elbing aus dem Jahre 1242 ist die erste bekannte Darstellung eines mittschiffs am Achtersteven des Schiffes befestigten Steuerruders. Auf anderen Siegeln sieht man Hinweise auf die Entwicklung von Winden für die Ankerleinen; sie zeigen, wie sich Einzelheiten der Takelage, so bestimmte Leinen und die Blöcke (als Flaschenzüge) und viele andere nicht weniger wichtige Neuerungen entwickelt haben, die in ihrer Gesamtheit zum komplizierten System eines gut manövrierbaren Segelschiffes gehören.

Im Lauf der Entwicklung muß ein besonders unternehmungslustiger Schiffsbaumeister auf den Gedanken gekommen sein, auf dem Schiff eine Plattform zu montieren, die den Kriegern oder den Leuten vom Ausguck die Vorteile eines besonders hohen Standpunkts über dem Wasserspiegel gewährte. Vielleicht geschah dies schon in vorchristlicher Zeit, denn Skulpturen aus der nubischen Wüste, die rund 6000 Jahre alte Flußschiffe darstellen, zeigen Andeutungen erhöhter Aufbauten. Allerdings wissen wir nicht, ob diese Bauten Altäre, Kabinen, Schutzräume für vornehme Passagiere oder besonders verderbliche Ladungen waren. Bekannt ist jedoch, daß viele römische Kriegsschiffe nahe dem Bug, mittschiffs oder am Heck turmartige, befestigte Aufbauten besaßen, die militärische Bedeutung hatten. Bekannt ist ebenfalls, daß auch die Wikingerschiffe, wie schon erwähnt, in Bug und Stern kleine erhöhte Standflächen besaßen.

Auf den Stadtsiegeln der Hafenstädte aus dem 13. Jahrhundert sind Schiffe dargestellt, deren erhöhte Standflächen weiter entwickelt sind. Die Grundidee des mit Zinnen versehenen Turms der steinernen Landbefestigungen und Burgen dieser Zeit wurde offensichtlich auch auf die Schiffsaufbauten übertragen. Es entwickelten sich die zur Verteidigung eingerichteten sogenannten Kastelle, die erhöhten Flächen besonders auf dem Vorschiff als Vorder- und auf dem Achterschiff als Achterkastell. Sie gaben den mittelal-

35 Drei Wachssiegel; oben – Das Siegel von Hythe, Kent, England, Ende 12. oder Anfang 13. Jh.; Mitte – Siegel von Sandwich, Ende 13. oder Anfang 14. Jh.; unten – Siegel von Dover 1305.

36 Modell eines Schiffes aus dem 13. Jh.

terlichen Schiffen ihr typisches Aussehen und machten weiterentwickelt die Kampfschiffe aus dem 16. und 17. Jahrhundert zu den respektablen Instrumenten des Seekrieges.
Vorder- und Achterkastell entwickelten bald verschiedenartige Funktionen. Das Vorderkastell behielt seine Hauptbedeutung als eine Art erhöhte Befestigung, das Achterkastell jedoch wurde nach und nach zum Aufenthaltsraum, gewissermaßen zur Kabinenflucht, für die hochgestellten Persönlichkeiten an Bord. In der 2. Hälfte des 15. Jahrhunderts zeigte sich dann die Tendenz, das Achterkastell in den Schiffsrumpf selbst einzubeziehen; es verschwand als klar abgegrenzter Aufbau. Das Achterschiff wurde damit der Schiffsteil mit den bequemsten Kabinen.
Im Museum „Prins Hendrik" in Rotterdam befindet sich das einzige uns bekannte Modell, das tatsächlich um 1450 gefertigt wurde, in der Zeit also, in der die ersten Atlantiküberquerungen zwischen Europa und der Neuen Welt stattfanden und die Seefahrer Schiffstypen zu beherrschen hatten, wie sie dieses Modell darstellt. Jahrhundertelang hing dieses Modell unter dem Dach einer kleinen Kirche in dem Ort Mataró an der Küste Kataloniens. In Spanien wie auch in anderen Ländern pflegte man den alten Brauch, Schiffsmodelle in Kirchen als Votive aufzustellen oder aufzuhängen, um einen bestimmten Schwur zu erfüllen, den man geleistet hatte. Gewöhnlich wurden diese Modelle von einfachen Seeleuten gebastelt und nach ihrer glücklichen Heimkehr von einer gefährlichen Reise der Kirche geschenkt; sie waren meist recht grob gebaut und sind als Dokumente über den Schiffsbau fast untauglich. Das Modell von Mataró ist jedoch sehr sorgfältig ausgeführt. Und dafür gibt es wahrscheinlich einen recht plausiblen Grund.
Nicht nur als Votivgaben kann man in spanischen und portugiesischen Kirchen Schiffsmodelle finden. In einigen Kirchen findet man kleine silberne Modelle auf den Altären als Behälter für die Hostien. Sehr oft trifft man auf Standbilder von Heiligen, besonders des St. Elmo, die einen Schiffsrumpf in den Armen halten. Diese Darstellung seefähiger Schiffe hat ohne Zweifel eine rituelle Bedeutung. Ein großes Gemälde, *Là Promesa* (das Versprechen), das sich heute in Madrid befindet, hilft zur Erklärung. Auf diesem Bild sind Fischer mit ihren Frauen dargestellt, wie sie verschiedene Teile von Schiffsausrüstungen wie Ruder und Riemen zu einem Kruzifix auf einem Hügel nahe der Küste tragen, um sie einsegnen zu lassen. Es ist sehr wohl möglich, daß das Modell von Mataró extra dazu gebaut worden ist, um solch einer Einsegnungsprozession vorangetragen zu werden. Wenn das jedoch zutrifft, erklärt sich die sorgfältige Ausführung.
Ungeklärt bleibt aber, wie das Modell von Mataró in Spanien in die Niederlande kam. Möglicherweise gelangte es eines Tages in den Besitz einer vornehmen spanischen Familie. Nach 1930 tauchte es in New York in der Reinhardt-Galerie Ecke 5. Avenue und 57. Straße auf.
Sofort erkannte man die historische Bedeutung des Modells für die Schiffsbaugeschichte. Experten zeigten sich verwundert, daß solch ein altes Mo-

Alabaster-Totenschiff aus der Grabkammer von Tut-ench-amun; an Bug und Heck Darstellungen syrischer Steinböcke.

Nächste Seiten: Modell eines altägyptischen Schiffes, um 1300 v. Chr.

1937·249

dell dem Zahn der Zeit so gut widerstand. Das Holz ist wurmstichig, von der ursprünglichen Betakelung ist fast nichts mehr übrig geblieben, ebensowenig von der Farbe. Es finden sich nur noch einige rötliche Spuren und ein Teil eines gezackten Ornaments am Schanzkleid. Im übrigen befindet es sich aber in einem recht guten Erhaltungszustand.
Nachdem es von einem Rotterdamer Privatmann angekauft und dem „Prins-Hendrik"-Museum übergeben worden ist, wurde es oft und gründlich untersucht. Als es in New York auftauchte, besaß es drei Masten. Die Fachleute haben aber erkannt, daß es bei seinem Bau ursprünglich nur mit einem großen, mittschiffs gesetzten Mast ausgerüstet war. Der Topmast und der Besan wurden nach ihrem Urteil erst später hinzugefügt.
Der Zustand der vorhandenen Masten unterstützt diese Theorie, denn alle drei Masten sind zusammengesetzt und uneben geformt, im Prinzip lediglich Zweige, von denen man die Rinde entfernt hat. Es ist unwahrscheinlich, daß der geschickte Handwerker, der den Rumpf gefertigt hat und zwar in Spantenbauweise, nur solch primitive Masten zustande brachte.
Die Entwicklung des dreimastigen Schiffes war eine der wichtigsten Neuerungen im Segelschiffbau. Sie erfolgte wie so viele andere bedeutende Neuerungen in der 2. Hälfte des 15. Jahrhunderts. Nach Meinung der Fachleute muß aber das Modell von Mataró um 1450, wenn nicht schon früher, entstanden sein.
Ein Modell im Science Museum, London, vermittelt einen guten Eindruck eines typischen dreimastigen Schiffes der nördlichen Gewässer aus dieser Zeit. Es stellt ein großes englisches Schiff in Klinkerbauweise dar, einen Schiffstyp, den man gewöhnlich als Kogge bezeichnet. Das Modell wurde in den Museumswerkstätten auf Grund verläßlicher Quellenangaben gebaut. Im Britischen Museum befindet sich nämlich ein Manuskript aus den Jahren zwischen 1485 und 1490 über die *Pilgerfahrt von Richard Beaucamp, Earl of Warwick,* in dem die Pilgerfahrt nach Palästina dieses englischen Adligen Anfang des 15. Jahrhunderts beschrieben wird. Das Manuskript ist reich illustriert. Die dargestellten Schiffe sind von einem Typ, der noch nicht existierte, als der Earl tatsächlich seine Pilgerreise unternommen hatte. Ganz offensichtlich kannte sie aber der Künstler, der ein halbes Jahrhundert später das Manuskript illustrierte, recht gut. Ihre Form stammt also aus der zweiten Hälfte des 15. Jahrhunderts.
Die Entwicklung des dreimastigen Schiffes in der 2. Hälfte des 15. und in den ersten Jahren des 16. Jahrhunderts machte die transozeanischen Entdeckungsfahrten der damaligen Zeit erst möglich. Die Könige von Portugal schickten damals mehrfach hintereinander Expeditionen aus, um einen Seeweg nach Indien zu finden. Bartolomëu Diaz, dem Kommandeur einer dieser Expeditionen, gelang es 1488, zweimal das Kap der Guten Hoffnung zu umschiffen. Neun Jahre später umfuhr Vasco da Gama das Kap ebenfalls und setzte am Weihnachtstag 1497, ehe er Indien erreichte, seinen Fuß auf einen Landstrich, der heute noch Natal genannt wird. Von noch größerer

Betakeltes Modell einer flämischen Karacke um 1480 mit kraweelbeplanktem Rumpf.

37 Oben – Modell einer Karacke.

38 Links – Votivmodell einer Gallione, um 1540.

39 Rechts – Bronzene Uhr, in Augsburg gefertigt, aus dem 16. Jh.

40 Rekonstruktionsversuch der Santa Maria, *gefertigt 1892 nach Zeichnungen von Kapitän Enrico D'Albertis.*

Bedeutung waren die Reisen von Christoph Kolumbus. Die Neue Welt betrat er erstmals am 12. Oktober 1492, als er auf einer Insel landete, die damals La Espagnola, das kleine Spanien, genannt wurde. Vierzehn Tage später erreichte er Kuba und hielt es für einen Teil des indischen Festlandes. Bei weiteren Reisen entdeckte er 1493 Puerto Rico, 1494 Jamaica und schließlich 1502 Nicaragua und die Küste von Kolumbien.
Wie wir gesehen haben, weiß man ziemlich gut Bescheid über die Schiffe, die Christoph Kolumbus bei seiner Ausfahrt aus den heimatlichen Gewässern vielleicht begleitet haben. Wie aber sein Flaggschiff *Santa Maria* genau ausgesehen hat, ist unbekannt. Das hat jedoch die Schiffsmodellbauer nicht davon abgehalten, ihre eigenen Versionen der *Santa Maria* zu bauen, in Tausenden von Exemplaren – ständig entstehen neue Modelle der *Santa Maria.* Manche von ihnen zeigen sehr genaue Detailarbeit. Aber alle haben eines gemeinsam: Sie beruhen ohne Ausnahme auf Vermutungen. Die *Santa Maria* war ein ganz gewöhnliches Handelsschiff, das beschlagnahmt und Kolumbus zur Verfügung gestellt worden war. Niemand dachte daran, sie nach der Reise nach Europa zurückzubringen, um sie zu vermessen. Das ist alles, was man genau von ihr weiß.

Selbst diejenigen Modelle der *Santa Maria,* die unter „offizieller" Aufsicht hergestellt wurden, haben wenig Aussagewert. 1892 wurde zum Beispiel unter der persönlichen Leitung des Direktors des Marinemuseums von Madrid ein Modell des Schiffs gefertigt. Dieser Mann sollte eigentlich alles über die *Santa Maria* gewußt haben, was überhaupt möglich ist. Unglücklicherweise aber zeigt das Modell einen quadratischen Spiegel. Studien nach 1892 ergaben jedoch, daß Spiegel dieser Form zu Beginn des 16. Jahrhunderts noch nicht existierten. Das Schiff, das am 3. August 1492 aus dem Hafen von Palos auslief, hatte ganz sicherlich einen runden Spiegel. Spätere, von den spanischen Behörden in Auftrag gegebene Modelle zeigen deshalb auch diese Spiegelform.
Für den Modellnachbau eines der berühmten Kriegsschiffe des 16. Jahrhunderts, der *Henri Grace à Dieu* gibt es kaum mehr Unterlagen als eine künstlerische Darstellung in Anthony Anthony's *Roll of the Navy,* die 1546 zusammengestellt wurde und sich heute in der Pepys-Bibliothek des Magdalene-College in Cambridge befindet, sowie ein paar Angaben über ihre Tonnage, ihre Mannschaft und ihre Bestückung mit 21 Bronze-Geschützen, 130 eisernen Kanonen und 100 Handgeschützen. Diese Daten gelten

Betakeltes Modell der Great Harry, *1540. Links (41) – Detailansicht des Bugs; Rechts (42) – Gesamtansicht.*

jedenfalls für ihren Zustand nach dem Umbau 1536 bis 39. Das Modell des Schiffes im Science Museum in London zeigt das Schiff so genau wie unter diesen Umständen möglich.

Noch weniger bekannt ist über die *Great Michael,* die in Newheaven, Schottland, etwa zur selben Zeit erbaut worden war. Das Modell im Royal Scottish Museum in Edinburgh beruht auf den spärlichen Angaben von Robert Lindsay aus Pitscottie in seiner Geschichte und Chronik Schottlands, in der er meldet, „alle Ritter Schottlands und viele Fremde wurden auf des Königs Geheiß für ein Jahr und einen Tag zu ihrem Bau befohlen, bis sie fertig war". Und dann, daß sie Schottland arm machte, bevor sie seefertig war.

Leute mit geringen Kenntnissen in der Schiffsgeschichte pflegen Modelle von Schiffen aus dem 16. und frühen 17. Jahrhundert gern als Gallionen zu bezeichnen, denn dieser Begriff scheint eine bestimmte Vorstellung eines Schiffes zu geben, auch dann, wenn es im eigentlichen Sinn gar keine Gallione ist. Obwohl der Begriff Gallione sich wahrscheinlich aus Galeere entwickelt hat, dem Riemenschiff des klassischen Altertums und des Mittelalters aus dem Mittelmeerraum, waren wahrscheinlich schon die frühesten

Gallionen reine Segelschiffe. Es gibt zeitgenössische Modelle von Gallionen, zum Beispiel steht eines aus dem Jahre 1540 im Schiffahrtsmuseum von Madrid, an dem auch nicht die kleinste Andeutung von Riemen zu sehen ist.

Ein späteres Modell einer Gallione, das im selben Museum zu finden ist, wurde Philip II. 1593 von seinen flämischen Untertanen zum Geschenk gemacht. Es ist außerordentlich sorgfältig ausgeführt und besitzt vergoldetes und bemaltes Schnitzwerk, besonders zwischen den Geschützöffnungen und an der außerordentlich sorgfältig ausgeführten Spiegelgalerie, aber wahrscheinlich ist es nicht maßstabgetreu.

Ein besonders authentisches Modell einer Gallione wurde in den Werkstätten des Science Museums, London, nach sehr sorgfältigem Nachforschen angefertigt. Viele Informationen über das Original fand man in dem Manuskript *Fragmente über den alten englischen Schiffsbau,* das 1586 von dem Schiffsbaumeister Matthew Baker verfaßt worden war. Dieses Manuskript, heute im Magdalene College von Cambridge, enthält die frühest bekannten Baupläne englischer Schiffe.

Zwei historische Schiffe haben die Modellbauer fast ebenso beschäftigt wie die *Santa Maria.* Das erste ist die berühmte *Golden Hind* von Sir Francis Drake. 1577 ging Drake von Plymouth aus mit dem 100-Tonnen-Schiff *Pelican* und 5 kleineren Schiffen in See. Er war der erste Engländer, der die Erde umrundete. Als er aber in den Pazifik einfuhr, waren alle seine Begleitschiffe entweder zerstört oder hatten die Reise abgebrochen. Nur die *Pelican* blieb ihm. Drake benannte sie in *Golden Hind* um. Nachdem man Drake zu Hause längst aufgegeben hatte, lief dieses kleine Schiff nach der Weltumsegelung schließlich Ende September 1580 wieder die englische Küste an. Es gibt keine zeitgenössischen Modelle oder Zeichnungen der *Golden Hind.* Das Modell, das für die Stadt Plymouth angefertigt worden war und nun im Hause Drakes in Buckland Abbey ausgestellt ist, kann als eine einigermaßen verläßliche Reproduktion gelten.

Das zweite dieser für Schiffsmodellbauer so interessanten Schiffe ist die *Mayflower,* mit der die Pilgerväter 1620 von Plymouth aus nach Amerika segelten. Auch sie bereitet den Modellbauern Kopfschmerzen, da kaum mehr von ihr bekannt ist, als daß sie eben ein kleines Kauffahrteischiff mit etwa 180 Tonnen war und keinesfalls ein Neubau, als die Pilgerväter sie charterten.

Eine Version der *Mayflower* ist unter den Modellbauern, die an Modellen aus kommerziell hergestellten Teilen Spaß haben, recht populär geworden, das Modell der Firma Revell Inc. aus Kalifornien. Die Grundlagenforscher, Handwerker und Ingenieure der Firma gaben sich sehr viel Mühe bei der Vorbereitung der Modellkonstruktion. Sie wollten einen exakten Nachbau von William Bakers berühmter Rekonstruktion in Originalgröße der *Mayflower,* der *Mayflower II,* schaffen, und das ist ihnen nach übereinstimmendem Urteil auch sehr gut gelungen.

43 Oben – Modell einer flämischen Gallione, das 1593 Philipp II. zum Geschenk gemacht wurde.

44 Rechts – Modell einer elisabethanischen Gallione aus den Werkstätten des Science Museum, London.

45 Ein 1965 erbautes Wasserlinienmodell einer portugiesischen Karavelle, um 1500.

Ein Einzelmodell der *Mayflower,* das recht viel Aufmerksamkeit erregt hat, gehört heute den Eigentümern der *Western Morning News,* einer Zeitung aus Plymouth. Das Modell wurde von einem Blindgänger-Entschärfer, dem Captain John Sharland, von der 24. Infanteriebrigade der Britischen Armee, geschaffen. Sharland begann 1957 rein zum Zeitvertreib in seinen dienstfreien Stunden mit dem Schiffsmodellbau. Er besaß keine Werkstatt und verteilte seine Baumaterialien und sein Werkzeug im Speisezimmer, wenn er Modelle baute; Frau und Kinder erzog er dazu, einen großen Bogen um den Speisezimmertisch zu machen, wenn er arbeitete, und ja auf kein Teil zu treten, das am Boden lag.
Normalerweise arbeitet Sharland nach Fotokopien von Originalplänen, die

46 Das Modell der Mayflower, *im Besitz der New York Historical Society.*

er vom National Maritime Museum in Greenwich erhält. Da er aber in England keine geeigneten Pläne über die *Mayflower* auftreiben konnte, sah er sich genötigt, einen deutschen Modellbauplan seinem Nachbau zugrunde zu legen, den er nach weiteren Nachforschungen leicht abänderte. Mrs. Sharland nähte sechs Segel für das Modell und zwar mit der Hand, weil sie keine Nähmaschine auftreiben konnte, deren Stich fein genug war. Für jedes Segel brauchte sie etwa die Freizeitstunden einer Woche. 80 winzige Leinen-Blöcke für die Betakelung mußten sorgfältig mit Hand von Holzstäbchen abgeschnitzt werden. Da diese kleinen Blöcke beim Bohren mit den feinsten Holzbohrern sprangen, brannte John Sharland die Bohrlöcher schließlich mit auf Rotglut erhitzten Nähnadeln ein.

3 Konstruktionsmodelle aus dem 17. und 18. Jahrhundert

Alte zeitgenössische Schiffsmodelle, die als offizielle Konstruktionsmuster hergestellt worden waren und erhalten geblieben sind, geben uns einen geschlossenen Überblick über die Entwicklung des Schiffsbaus. Die ersten Modelle dieser Art wurden zu Beginn des 17. Jahrhunderts gefertigt. Ihre Existenz verdanken sie höchstwahrscheinlich der Tätigkeit des großen englischen Schiffsbauers Phineas Pett.

Dieser Mann stammte aus einer Familie, die sich bereits seit Generationen mit Schiffsbau beschäftigt hatte. Er genoß eine bessere Erziehung und Ausbildung, als man es von einem Abkömmling solch praktischer Handwerker erwarten sollte. 1586 wurde er in das Emmanuel College in Cambridge aufgenommen, das er später mit dem akademischen Titel eines Magisters (Master of Arts) wieder verließ. Außerdem hatte er eine für damalige Zeiten außergewöhnlich solide technische Ausbildung absolviert und auch einige praktische Erfahrungen in der Seefahrt. In seiner Autobiographie schreibt er, daß er im Dezember 1599 mit dem Bau eines kleinen Schiffsmodells begonnen habe, das er später auftakelte und dann an John Trevor verschenkte. Es ist das älteste englische Schiffsmodell, von dem wir bis heute wissen.

Im März 1601 wurde Pett Assistent des Schiffsbaumeisters der Chatham Docks. Schon nach zwei Jahren machte er von sich reden, als es ihm gelang, die Flotte innerhalb von sechs Wochen seefertig auszurüsten. Kurz nach der Thronbesteigung Jakobs I. als König der Vereinigten Königreiche England und Schottland wurde er vom damaligen Seelord, Lord Howard, beauftragt, ein kleines schwimmfähiges Schiff für Prinz Henry, den älteren Sohn des Königs, zu bauen. Vermutlich handelte es sich hierbei um ein großes Modell des Flaggschiffs *Ark Royal.* Im März 1604 war das kleine Fahrzeug fertig. Pett brachte es auf der Themse zu Wasser. Am 22. März ging der Prinz an Bord. Pett wurde vom Seelord dem Prinzen vorgestellt. Der nahm

47 Eines der schönsten und exaktesten Modelle eines englischen Linienschiffes aus dem 17. Jh. ist dieses von der damaligen Werft gefertigte Konstruktionsmuster von H.M.S. Prince.

48 *Die berühmte* Sovereign of the Seas *in Heckansicht mit den Dekorationen des Spiegels auf dem Hintergrund des Porträts von Peter Pett; Nationales Marinemuseum, Greenwich.*

ihn am folgenden Tag in seine Dienste und ernannte ihn zum Kommandanten des kleinen Fahrzeugs.

Im Jahr 1607 hat Pett ein weiteres Modell gebaut, diesmal von einem Schiff, das er in Großausführung konstruierte, der *Prince Royal* mit fast 1200 Tonnen Deplacement. Es war ein bemerkenswertes Fahrzeug mit einer hervorragenden Gestaltung der Rumpfform an Bug und Heck. Pett war ein Reformer und großer Erfinder. Seine Konstruktionen wiesen viele Neuerungen auf, welche die älteren konservativen Schiffsbauer der damaligen Zeit schockierten. Er wurde als der Vater aller künftigen Kriegsschiffe bezeichnet. Die sorgfältig ausgeführten Dekorationen aus vergoldetem Schnitzwerk der *Prince Royal,* über die noch Unterlagen vorhanden sind, machten es auch zu einem der schmucksten und prächtigsten Schiffe ihrer Zeit.

Leider ist jedoch das Modell der *Prince Royal,* das Pett selbst gefertigt hat, längst verlorengegangen. Vermutlich hat dieses Modell die Begeisterung des zweiten Sohnes von König Jakob, des Prinzen Charles, erregt, der damals vier Jahre alt war. Pett baute etwas später ein Spielzeugmodell für den Knaben. Er setzte es auf Räder, damit es „ähnlich wie auf See“ bewegt werden konnte.

Spielzeug, mit dem man sich in früher Kindheit beschäftigt, hat, wie wir heute wissen, vielfach einen bedeutenden Einfluß auch noch auf den er-

Oben – Heckansicht (49) des Modells der Sovereign of the Seas *in Greenwich; die Spiegeldekoration differiert von der auf dem Porträt von Pett auf Abb. 48. Rechts (50) – Bug desselben Modells.*

wachsenen Menschen. Vielleicht hat auf diese Weise das kleine Spielzeugschiff auf Rädern nachhaltig den Prinzen Charles beeinflußt, der später, nach dem Tod seines Bruders Henry, als Karl I. König von England wurde. Am 26. Juni 1634 besichtigte König Karl die Werften von Woolwich bei London, wo gerade unter Petts Leitung das Schiff *Leopard* im Bau war. Am Abend dieses Tages befahl er dem Schiffsbaumeister Pett, das größte Schiff zu konstruieren, das man jemals auf See gesehen habe. Moderne Psychologen könnten diesen Befehl damit erklären, daß der König Minderwertigkeitsgefühle kompensieren wollte. Er war außergewöhnlich klein gewachsen und wollte vielleicht auf diese Weise sein persönliches Prestige erhöhen. Es ist eine Ironie des Schicksals, daß die Schiffssteuer, die er zur Finanzierung seiner schiffsbautechnischen Extravaganzen eingeführt hatte, einer der Hauptgründe dafür war, daß er später um einen Kopf kürzer gemacht wurde.

Die Marinebehörde protestierte scharf vor der königlichen Kommission. Sie hielt solch ein großes Schiff für viel zu teuer und praktisch nicht manövrierbar in den seichten Gewässern um Englands Küsten. Dennoch hielt der König hartnäckig an seinem Plan fest. Pett fertigte ein Modell des Schiffes, das *Sovereign of the Seas* genannt wurde, ehe man mit dem Bau begann. Leider ist auch dieses Modell, das nach zeitgenössischen Aussagen hervorragend exakt gearbeitet war, ebenso wie das der *Prince Royal* verlorengegangen.

Wenn das Modell der *Sovereign of the Seas* tatsächlich dem schließlich gebauten Schiff gleichen Namens glich, über das wir Zeugnisse besitzen, muß es eines der prächtigsten Schiffsmodelle gewesen sein, die jemals existierten. 1827 wurde ein weiteres Modell des Schiffes gefertigt, um die Sammlung von Sir Robert Seppings zu vervollständigen. Es war zwar ebenfalls ein Wunderwerk des Schiffsmodellbaus, aber die Dekorationen am Spiegel unterscheiden sich von denen des Originalschiffes, wie man auf zeitgenössischen Darstellungen nachprüfen kann. Der große niederländische Maler Antonius van Dyck entwarf die Dekorationen und Verzierungen des Schiffes. Gerard Christmas, der Holzschnitzer des Königs, führte sie mit seinen Söhnen und Gesellen aus. Die Vergoldungen waren so gleißend, daß holländische Seeleute, die mehrmals in Gefechtsberührung mit dem Schiff gerieten, es den *Goldenen Teufel* nannten. Als Gallionsfigur war der sächsische König Edgar dargestellt, wie er über sieben niedergestreckte Widersacher hinwegritt. Bordseitenwände und Schanzkleid trugen Figuren von Göttern, Göttinnen und Satyrn, Portraitköpfe römischer Kaiser und heraldische Darstellungen. Am Spiegel über dem Ruder leuchtete die Inschrift:

> *Qui mare, qui fluctus, ventos, navesque gubernat,*
> *Sospitet hanc arcem, Carole magne, tuum.*
> *(Möge der Herr der Meere, der Fluten, des Winds und der Segel*
> *Schützen auch dieses dein Schiff, oh großer König Carolus.)*

Aber trotz dieser Bitte um göttlichen Schutz zerrannen Macht und Einfluß des Königs. Seine Richter befahlen, von den königlichen Schiffen allen Schmuck zu entfernen und sie eintönig anzustreichen. Da aber zeigte sich, daß die Engländer den exotischen Prunk der *Sovereign of the Seas* gar nicht so ungern sahen. Schließlich hatten sie ihn ja, wenn auch unter lautem Protest, mit ihren Steuergeldern bezahlt. Jetzt weigerten sie sich, ihn zu zerschlagen. Ein fast lächerliches Unglück brachte dann den Glanz des Schiffes zum Erlöschen. 1696 wurde die *Sovereign* in die Medway-Mündung zum Umbau verlegt. Offensichtlich durch Unachtsamkeit der Werftmannschaft fiel in einer Kajüte eine offene Kerze um – und Petts Meisterwerk verloderte wie ein Ballen trockenen Strohs.

Der Chef der Commonwealth-Regierung nach dem Sturz König Karls I., Oliver Cromwell, war ein harter Soldat, ebenso wie viele seiner engsten Mitarbeiter. Diesen Militärs der Landstreitkräfte und Reiteroffizieren erschienen zweifellos die komplizierten Linienrisse, die man vor der Kiellegung eines Schiffes entwerfen, diskutieren und begutachten mußte, höchst verwirrend. Sicherlich kannten auch sie die vorzüglichen Modelle, die Phineas Pett von seinen Schiffskonstruktionen angefertigt hatte und zogen es als Neulinge in Marinefragen vor, ein Schiffsprojekt an Hand eines vorge-

fertigten maßstabgerechten Modells, das ein exaktes Bild der Konstruktion darstellte, zu genehmigen.
Im ersten Jahr der Commonwealth-Regierung, 1649, richteten die Lords der Admiralität, die jetzt an Stelle des Königs für die Marinepolitik der Nation verantwortlich waren, ein Schreiben an die Marinekommission, ihren Beraterstab für Schiffsbau und Ausrüstung der Flotte. Das Schreiben bezog sich auf den Bau von fünf neuen Kriegsschiffen. Die Lords wiesen die Marinekommission an, die Schiffsbaumeister zur Einreichung von fünf kleinen maßstabgetreuen Modellen der geplanten Schiffe zu veranlassen – unseres Wissens erstmals in der englischen Seefahrtsgeschichte.
Mindestens sieben der zwölf Mitglieder der Marinekommission mußten verfassungsgemäß Marine-Sachverständige sein. Diese Männer erkannten

51 Dieses vollbetakelte Modell eines englischen Schiffes mit 56 Geschützen von 1652, der Zeit Oliver Cromwells, ist eine Restauration des ursprünglich für die Konstruktion angefertigten Admiralitätsmodells.

52 Links – Modell der Naseby, *angefertigt von Robert Spence, Nationales Marinemuseum Greenwich.*

53 Unten – Dieses Modell eines englischen Dreideckers im Nationalmuseum für Marinegeschichte in Stockholm diente als Vorlage für die Rumpfkonstruktion des Modells der Naseby *oben.*

sofort, daß diese neue Methode, Schiffsentwürfe einzureichen, angesichts der Unfähigkeit ihrer neuen Herrn, Schiffspläne zu verstehen und Linienrisse zu lesen, absolut notwendig war. Obwohl sie sicherlich sehr kritisch über die Männer dachten, die sie jetzt zu beraten hatten, mußten sie doch die Anweisungen befolgen. Die geforderten Modelle wurden gefertigt und gehören zusammen mit denen, die während der nächsten eineinhalb Jahrhunderte zum gleichen Zwecke entstanden, zu den unübertroffenen Meisterwerken des Schiffsmodellbaus.

Leider aber ging man im Lauf der Zeiten nicht sehr sorgsam mit diesen fünf ersten „offiziellen" Modellen um. Das großartige Modell eines nicht mehr exakt identifizierbaren Schiffes mit 56 Geschützen aus dem Jahre 1652, das heute im Museum der Marineakademie der USA in Annapolis ausgestellt ist, wurde von Henry B. Culver exakt einem Konstruktionsmodell der Admiralität nachgebaut, das so wurmstichig war, daß man es der Öffentlichkeit nicht mehr zeigen konnte. Seine vergoldeten Schnitzereien waren jedoch noch gut erhalten. Culver konnte sie ablösen und an dem Nachbau anbringen, der damit in bescheidenem Rahmen auch eine Restauration darstellt.

Eines der bekanntesten Schiffe aus der Periode der Commonwealth-Regierung war die *Naseby*. Aber Interessenten für Marinegeschichte können nicht das zeitgenössische Modell studieren, sondern eines, das Robert Spence nach zeitgenössischen Darstellungen und Daten über die Abmessungen des Originals gebaut hatte. Es ist im Marinemuseum von Greenwich ausgestellt. Spence hatte für den Bau des Modells auch genau die Linienführung des Modells eines englischen dreideckigen Schiffs aus derselben Zeit studiert. Dieses Modell, heute im Marinemuseum von Stockholm, stammt wahrscheinlich von Francis Sheldon, einem englischen Schiffsbaumeister, der 1658 in schwedische Dienste trat und deshalb sicherlich mit den damals auf den englischen Schiffswerften üblichen Baumethoden gut vertraut war.

Die *Naseby* wurde in Woolwich an der Themse erbaut. Im April 1655 schreibt der bekannte Tagebuchchronist John Evelyn:

„Ich besichtigte das große neue Schiff des Usurpators Oliver (Cromwell), mit 96 Bronze-Geschützen und 1000 Tonnen Wasserverdrängung. Am Bug sieht man Oliver als Reiter, mit sechs Nationen unter den Hufen, einem Schotten, einem Iren, einem Holländer, einem Franzosen, einem Spanier und einem Engländer, wie man an der Gewandung der Figuren erkennen kann. Eine Siegesgöttin hält den Lorbeerkranz über sein stolz erhobenes Haupt mit den Worten: ‚Gott mit uns'."

1659 diente die *Naseby* als Flaggschiff des englischen Kommandanten Edward Montagu bei den Operationen in den dänischen Gewässern. 1660 führte sie die Flotte an, die König Karl II. aus dem holländischen Exil heim-

holte. Bei dieser Fahrt diente an Bord auch ein junger Verwandter des Admirals, Samuel Pepys, der später Sekretär des Admiralstabs wurde und in dieser Eigenschaft verantwortlich war für die Einreichung von Konstruktionsmodellen – den schönsten, die uns erhalten blieben. Nach der Heimkehr des Königs aus dem Exil erhielt die *Naseby* den Namen *Royal Charles,* jedoch nicht nur, weil sie den König heimgeleitet hatte. Ihr erster Name erinnerte nämlich an eine der tragischsten Schlachten im englischen Bürgerkrieg und erweckte bei dem neuen Monarchen und seinen Freunden keine angenehmen Empfindungen. Aber lange durfte die *Royal Charles* ihren Ehrennamen nicht führen. 1667 wurde sie an ihrem Liegeplatz bei Chatham im Medway von der holländischen Flotte unter dem Befehl von Admiral Michiel Adrianszoon de Ruyter überfallen und nach Holland überführt. Dort wurde sie 1673 zerstört. Das englische Königswappen, das am Spiegel angebracht war, ist noch immer im Amsterdamer Rijksmuseum als Siegestrophäe ausgestellt.

54 Bug- und Seitenansicht des Modells der Naseby *von Spence.*

Im Science Museum von London ist ein Situationsmodell zu sehen, das zeigt, wie es bei einer Sitzung der Admiralität unter der Regierung Karls II. zugegangen sein mag. Das Modell wurde in den Museumswerkstätten hergestellt. Man sieht den König, Prinz Rupert, seinen Onkel, den Herzog von

55 Modelldarstellung einer Sitzung der englischen Admiralität mit König Karl II., Science Museum, London.

Ormonde und den Staatssekretär während einer Diskussion über die Einführung von Standard-Abmessungen für neue Kriegsschiffe der englischen Flotte. Sie findet an Hand eines maßstabgerechten Modells statt. (Zum Aufbau der Szene im Museum wurde also ein Modell eines Schiffsmodells angefertigt.) Auch zwei Mitglieder der Marinekommission – Sir Anthony Deane und Sir John Tippetts, beide Schiffsbaumeister – sind zu der Sitzung zugezogen, um technische Fragen zu beantworten. Der Sekretär der Admiralität, Samuel Pepys, sitzt am Tisch und macht eifrig Notizen – er führt Protokoll, würde man heute sagen. Die Figuren wurden von Miss B. M. Campbell geschaffen.
Während seiner Dienstzeit erwies sich Pepys als hervorragender Kenner von Schiffsmodellen. In seinen Tagebüchern werden sie oftmals erwähnt. Eine Eintragung vom 30. Juli 1662 lautet zum Beispiel:

„Früh aufgestanden und im Büro, um Cooper zu empfangen; er sprach über einen Schiffsrumpf, von dem ein Modell im Büro steht; das ist eine große Hilfe, sehr nützlich und auch hübsch anzuschauen.“

Die ersten Modelle, die für den Admiralstab angefertigt worden sind, erscheinen dem unvorbereiteten Beschauer ein wenig unfertig; ihre Rümpfe sind nicht beplankt, so daß die ganze Rumpfinnenkonstruktion mit Spanten und Kiel überprüft werden kann. Bei den nach 1670 für die Admiralität gebauten Modellen sind dagegen die Rumpfseiten oberhalb der unteren Scheuerleiste beplankt, so daß nur die Rumpfkonstruktion, die unterhalb der Wasserlinie liegt, eingesehen werden kann.

Zwar waren auch bereits die ersten der der Marinekommission vorgelegten Modelle exakte dreidimensionale Darstellungen der Pläne, welche die Schiffsbauer praktisch realisieren wollten. Aber sie waren auch in anderer Hinsicht absichtlich unvollständig: Die Takelage war nur angedeutet und das Balkenwerk der Rumpfkonstruktion des Modells war vereinfacht und nur im Prinzip dargestellt nach einer Baumethode, welche von den Modellbauern entwickelt worden ist. Eine weitere Vereinfachung gegenüber Originalschiffen gibt es, die allerdings kaum erkennbar ist: Bei den Schiffen in Originalgröße mußten Kiel und Spanten jeweils aus mehreren miteinander verzargten Holzteilen zusammengesetzt werden, da es nicht ausreichend Bauholz in genügend großen Stücken gab, um die jeweiligen Teile aus einem Stamm zu schlagen. Einen Modellrumpf hätte man zwar aus einem einzigen Holzblock formen können. Das taten die Modellbauer aber nicht, denn das Modell mußte wesentlich mehr zeigen als nur exakt gestaltete Außenformen; sie schnitzten deshalb die jeweiligen Rumpfteile aus einem Stück Holz und setzten den Rumpf des Modells aus homogenen Spanten, Auflagern und Zwischendecks zusammen.

In der zweiten Hälfte des 17. Jahrhunderts gab es ganz offensichtlich bereits den Wunsch zum Sammeln von Schiffs- und Bootsmodellen. Es gibt Aufzeichnungen John Evelyns aus dem Jahre 1663 über die Modelle eines weiteren Mitglieds der Familie Pett, ebenfalls Phineas mit Vornamen, der damals verantwortlich für Flottenausrüstung und Staatskommissar der Docks von Chatham war. Als 1667 die Holländer die englischen Liegeplätze überfielen, fühlte sich dieser Pett berechtigt, alles stehen und liegen zu lassen, nur um seine Modelle zu retten. Dies zeigt gewiß überzeugend, wie hoch ihr Wert eingeschätzt wurde. Samuel Pepys nutzte seine Stellung bei der Admiralität, um eine beachtliche Sammlung von Modellen zusammenzubringen, die er dann seinem Freund William Hewer vermachte, der Finanzkommissar von Tangier gewesen war. In seinem Testament drückte Pepys die Hoffnung aus, daß seine Schiffsmodelle zusammen mit Hewers eigener Sammlung „zum öffentlichen Wohl und Nutzen" erhalten bleiben mögen.

Unter den Modellen, die Hewer von den Nachlaßverwaltern Pepys erhielt, befand sich wahrscheinlich auch eines, die *Rupert* mit 66 Geschützen, über die sich in Pepys Tagebuch eine Eintragung vom 19. Mai 1666 findet:

„Mr. Deane und ich sprachen über das Schiff *Rupert,* das Mr. Deane gerade baut und dessen Bau so gut gelingt, daß er ihm viel Anerkennung einbringt;

56 Betakeltes Admiralitätsmodell der Grafton. *Das Original besaß 70 Geschütze, wurde 1679 in Woolwich gebaut und nahm an dem Unternehmen zur Evakuierung Tangers 1683/1684 teil.*

57 Sterndekoration am Modell der Grafton, *Museum der Marineakademie der USA.*

mir auch, weil ich diese Konstruktion empfohlen habe. Der König, der Herzog und alle sagen, es werde das beste Schiff, das jemals gebaut wurde . . ."

Sehr wahrscheinlich hat Hewer auch das herrliche, aus Buchsbaumholz gefertigte Modell der *Grafton* erhalten, das heute im Museum der US-Marineakademie in Annapolis steht. Die mit 70 Geschützen bestückte *Grafton* war das Flaggschiff von Admiral Lord Dartmouth bei seinem mit 17 Schiffen unternommenen Flottenüberfall auf die Pier von Tanger um die Jahreswende 1683 auf 1684. Auf Befehl Karls II. hat Pepys als Schiffssachverständiger an dieser Expedition selbst teilgenommen.
Die Sammlungen Pepys, Hewers und Petts wurden allerdings in alle Winde zerstreut, ehe sie zum „öffentlichen Wohl" viel beitragen konnten. Lediglich ein Teil der Modelle, der fast zwei Jahrhunderte in Cuckfield Park im Süden Englands aufbewahrt wurde, blieb einigermaßen unbeschädigt, wenn auch die Modelle zeitweise arg vernachlässigt waren. Fünfzehn der schönsten und bekanntesten Modelle wurden von dem reichen amerikani-

58 Oben links – Das Modell des englischen Schiffes St. George *mit 96 Geschützen gehört zu den wertvollsten Stücken der Henry Huddlestone Rogers Collection. Es ist das einzige Modell dieser Sammlung, das noch die ursprüngliche Betakelung besitzt.*

Unbetakeltes Admiralitätsmodell der Britannia, *die mit 100 Geschützen bestückt war. Links (59) – Seitenansicht; Oben rechts (60) – Die schönen Schnitzereien am Stern; rechts (61) – Bug mit Galionsfigur, einem Reiter mit unterlegenen Feinden unter den Hufen.*

schen Eisenbahnkönig Oberst Huddleston Rogers (1879 – 1935) kurz nach Ende des Ersten Weltkriegs aufgekauft und auf seinen Landsitz, Port of Missing Men, auf Long Island verbracht. Er vermachte sie testamentarisch dem Museum der US-Marineakademie in Annapolis. Sie zählen heute zu dessen wertvollsten Ausstellungsstücken.

Alle Modelle der Sammlung aus Cuckfield-Park sind von großem Wert für die Seegeschichte und werden der Sammeltätigkeit Pepys zugeschrieben. Es gibt aber kaum einen Zweifel, daß sie aus einer Zeit stammen, als Pepys' Beziehungen zur Admiralität längst nicht mehr bestanden. Es gibt keine direkten Unterlagen, mit denen man die Vergangenheit dieser Modelle zurückverfolgen könnte, aber man nimmt an, daß sie zu Ende des 17. oder Beginn des 18. Jahrhunderts nach Cuckfield-Park gelangten, dessen damaliger Besitzer Charles Sergison von 1690 bis 1719 Sekretär der Admiralität war. Sergison und Pepys kannten sich zumindest, wahrscheinlich waren sie befreundet. Sie hatten zu verschiedenen Zeiten die gleiche Staatsstellung inne. Es ist nur naheliegend, daß der ältere Pepys seinem jüngeren Kollegen Sergison behilflich war, als dieser ebenfalls anfing, Modelle zu sammeln. Und an wertvolle Schiffsmodelle zu gelangen, war eben ein inoffizielles Vorrecht des Sekretärs des Admiralstabs, der gewissermaßen an der Quelle des staatlichen Modellbaus saß.

Ein Besucher von Cuckfield-Park, Commander Robinson, fand dort 1910 unter den Modellen, die in einer Rumpelkammer standen, eine Bark mit nachgebildeter Besatzung, das Modell eines Schiffes, wie es Pepys als Sekretär der Admiralität bei Besichtigungsfahrten selbst benutzt haben dürfte. Die Figuren der Besatzung waren wie die Seeleute in Francis Sandfords Darstellung der Beerdigung des Herzogs von Albemarle 1670 gekleidet, mit dem einzigen Unterschied, daß sie keine Jacken trugen. „Die Figuren sehen aus, als wären sie übermalt worden", schreibt Commander Robinson, „ein wenig Wasser und Seife würde vermutlich sehr viele Feinheiten erkennbar machen."

Zu Beginn unseres Jahrhunderts zeigte sich zunehmendes Interesse an alten einst für die Admiralität gefertigten Modellen, die damals noch in alle Winde zerstreut waren. Als dann Kapitän Hoare 1905 in London auf einer Marine-Ausstellung einige der Modelle, die er selbst gesammelt hatte, den Besuchern zur Schau stellte, nahm das allgemeine Interesse an Modellen noch zu. Nach und nach kamen in den Museen immer mehr namenlose Modelle zusammen, von denen man annahm, meist ohne sichere Hinweise zu besitzen, daß sie einst zu den längst aufgelösten bekannten Modellsammlungen gehörten. „Unglücklicherweise", so war im Journal der Gesellschaft für Seegeschichtsforschung zu lesen, „weiß man nichts über die Geschichte dieser Modelle. Man hofft jedoch, einen gewissen Mr. Baker auffinden zu können, der zu Mr. Hoares Lebzeiten die Modelle unter sich hatte und der vielleicht in der Lage sein wird, einige verläßliche Auskünfte zu geben."

Es kann außerordentlich schwierig sein, ein Schiffsmodell, von dem weder Name noch Herkunft bekannt sind, zuverlässig zu identifizieren. Es gibt zu viele Möglichkeiten. 1711 empfahl Sutherland, daß von jeglichem Schiff vor der Kiellegung ein Modell hergestellt werde. 1716 befahl die Admiralität sogar, von allen Schiffen Modelle zu bauen, auch dann, wenn ein Fahrzeug nicht neu aufgelegt, sondern nur umgebaut werde. Außerdem gibt es natürlich Modelle von Schiffen, die tatsächlich niemals gebaut worden sind, und dies kompliziert die Sache weiter. Oft aber können dennoch Experten ein Modell sehr verläßlich identifizieren, und zwar an Hand der Details des Modelles selbst.

Die Takelage des Modells, sofern es eine besitzt, kann man niemals als authentisch betrachten, selbst dann nicht, wenn die ursprüngliche Betakelung weitgehend erhalten ist. Man weiß nicht, welche Restaurationsversuche an ihr unternommen worden sind und in welchem Ausmaß. Fast unvermeidlich kam es zu Anachronismen. Das herrliche Modell der *St. George* mit 96 Geschützen, das heute in Annapolis steht, ist das einzige aus Cuckfield-Park, das noch eine vollständig ursprüngliche Takelage besitzt. Bei allen anderen Modellen wurde sie zu irgendeinem Zeitpunkt mehr oder weniger weitgehend erneuert.

Auch die Anordnung der Geschützluken ist nicht zuverlässig. Im 17. und 18. Jahrhundert wurde die Bestückung der Schiffe recht oft geändert. Sehr oft wurden auch blinde Geschützluken aus ornamentalen Gründen oder in Befolgung eines bestimmten Bausystems angebracht. Die Zahl der Geschützluken kann daher nur zu einer groben Schätzung der Schiffsgröße und zu einer allgemeinen Bestimmung des Typs genutzt werden. Die sichere Bestimmung muß sich auf verläßlichere Daten stützen.

Die zuverlässigste Methode ist der Vergleich der Abmessungen des Modells mit denen des Originals – sofern diese noch bekannt sind. Handgeschriebene Schiffslisten gab es zu allen Zeiten. Aber die ersten systematischen listenmäßigen Erfassungen der englischen Flotteneinheiten stammen aus den unruhigen Zeiten kurz vor Errichtung der Commonwealth-Regierung, weil damals der Besitz von Flotteneinheiten für die Gegner des Königs entscheidend war.

Zu Ende des 17. Jahrhunderts wurden dann die Flotteneinheiten erstmals etwas detaillierter erfaßt. Die erste Liste dieser Art ist ein kleines Dokument mit 14 Seiten und dem Titel:

„Gloria Britannica oder Britanniens Stolz zur See
mit einer vollständigen und genauen Aufzählung der Königlichen Flotte Englands sagt aus, wo jedes Schiff gebaut wurde, von wem und wann, seine Länge, Breite und den Tiefgang, die Leckwassermengen, die Wasserverdrängung, die Zahl der Besatzungsmitglieder und Kanonen sowohl im Frieden wie in Kriegszeiten, in den Heimatgewässern und auf Auslandsstationen, den Sold jedes Mannes der Besatzung vom Kapitän bis zum Decksjun-

62 Oben – Zeitgenössisches Modell der Mordaunt, *die 1681 in Deptford gebaut worden war.*

63 Mitte – Reich dekoriertes Modell eines englischen Schiffes, vermutlich aus dem Jahr 1703, mit 96 Geschützen.

64 Links – Die Dekorationen am Bug dieses Modells eines Schiffes mit 60 Geschützen verraten chinesischen Einfluß. Man kann die beiden „Rundhäuser", die Mannschaftslatrinen, erkennen. Die Offizierstoiletten befanden sich innerhalb des Bugs. Der Schiffsgeistliche mußte die Mannschaftslatrinen benutzen. Das Gedicht „Des Pfaffen Leid" schildert die Klage eines Schiffsgeistlichen, der aus sanitären Gründen recht gern zu den Offizieren gehört hätte.

gen . . . Sorgfältig zusammengestellt und überarbeitet von Freunden der Seeleute und der Schiffahrt mit langer praktischer Erfahrung in der Flotte und der Admiralität.
London 1698."

Nach 1698 gab es sehr umfangreiche Schiffslisten, die auch praktisch jedermann zugänglich waren.

Bei einem völlig unbekannten Modell ist es kaum erfolgversprechend, seine Abmessungen mit denen der unzähligen in Listen aufgeführten Schiffe zu vergleichen. Es hilft dann vielleicht eine genaue Begutachtung der Dekorationen des Modells. Sie können unter Umständen schon bei der ersten Betrachtung handfeste Hinweise geben. So zeigt zum Beispiel ein nicht betakeltes Modell aus Birnbaumholz, das heute ebenfalls in Annapolis steht, eine verschwenderische Dekorierung des Sterns. Als Hochreliefs gearbeitete Reiter zertreten mit ihren Pferden am Boden hingestreckte Krieger, die in einer Art Wunschdenken Englands unglückliche Feinde darstellen sollen. Auch andere Teile des Rumpfes tragen phantasievoll gestaltetes Schnitzwerk. Solch eine Prunksucht sagte dem Kenner sofort, daß das Modell vor 1703 gebaut worden sein muß, denn in diesem Jahre erging ein Befehl, der Ausschmückungen an Schiffen scharf beschränkte. Man fand in diesem Fall allerdings auch noch am Heck eine geschnitzte Banderole mit dem Schiffsnamen *BRITANIA,* mit einem N geschrieben, wahrscheinlich aus Gründen der Symmetrie. Danach konnte das Modell leicht als das des Schiffes *Britannia* mit 100 Geschützen bestimmt werden, das um das Jahr 1700 in Chatham von Stapel lief. Der aufgebrachte Schiffsname hätte jedoch ebensogut auch fehlen können.
Oftmals jedoch erfordern die Informationen, die man durch die äußere Gestaltung eines Modells gewinnen kann, weitergehende Überlegungen und Nachforschungen. Die Art des Königlichen Wappens kann Hinweise geben. Ebenfalls in Annapolis steht ein unbetakeltes Konstruktionsmodell, für die Admiralität aus Buchsbaumholz angefertigt, das ein englisches Schiff mit 80 Geschützen darstellt. Eindeutig konnte nicht festgestellt werden, welches Schiff das Modell darstellt. Dessen Bauzeit konnte aber sehr genau datiert werden, denn an der Heckreling befindet sich eine Statue Wilhelms III.von England, umgeben von Kupidos und Waffendarstellungen. Weiter findet man die Inschrift RWMR, und die kann nur die Abkürzung für Rex William et Mary Regina sein. Die Regierungszeit von Wilhelm III. und Königin Mary begann 1689. Mary starb 1694. Das Modell ist also mit großer Sicherheit innerhalb dieser fünf Jahre gebaut worden.
Manchmal gibt auch ein Wappen oder ein anderes Zeichen an einem Schiffsmodell Hinweise zu seiner Identifizierung. So konnte beispielsweise das Modell *Mordaunt* mit 46 bzw. 48 Geschützen, das heute im Britischen Nationalmuseum in Greenwich steht und aus der Sammlung von Captain Hoare stammt, mit einiger Sicherheit durch die Bugverzierungen bestimmt

werden, die Sterne mit gewellten Strahlen zeigen, das heraldische Zeichen der Familie Mordaunt.
Die *Mordaunt* wurde 1681 in Deptford bei London für eine Handelsgesellschaft erbaut, deren hauptsächlicher Anteilseigner Lord Mordaunt war. Die Vertragspartner erfüllten ihre Verpflichtungen nicht; Mordaunt wurde zum Alleineigentümer. Seine Zeitgenossen in hohen Stellungen argwöhnten bald, daß sein Schiff mit solch einer starken Bestückung nicht allein zu Handelszwecken bestimmt sei; der spanische Gesandte am Hof von St. James erklärte in einer offiziellen Beschwerde, es bestehe Grund zu der Annahme, daß die *Mordaunt* im Dienst des Kurfürsten von Brandenburg stehe, der damals mit seiner neuen Flotte versuchte, eine angebliche Schuld Spaniens gewaltsam einzutreiben. Am 30. Juni 1681 kam es deshalb zu einem Beschlagnahmebefehl gegen das Schiff; im Juli des gleichen Jahres wurde ein Ermittlungsverfahren gegen den Lord eröffnet. Zu seiner Verteidigung erklärte er, der Zweck des Schiffes sei einzig und allein, unabhängig von begleitenden Kriegsschiffen operieren zu können; er bot dem Gerichtshof an, die Bestückung des Schiffes und die Mannschaftszahl zu beschränken. Dennoch wurde er verpflichtet, eine größere Haftsumme zur Sicherung des friedlichen Verhaltens des Schiffes zu hinterlegen.
Das war jedoch nicht die einzige juristische Schwierigkeit in der Geschichte des Schiffes. Zwei Jahre später wurde es wiederum beschlagnahmt, weil Lord Mordaunt mit der Auszahlung der Heuer für die Mannschaft in Rückstand war. Durch einen weiteren Beschlagnahmebefehl wurde das Schiff zur gleichen Zeit in die königliche Flotte eingegliedert. In Diensten der Flotte ging es am 21. November 1693 vor Kuba mit der gesamten Besatzung unter.
Seit den Tagen der Stuarts wurden die Schiffe der britischen Flotte entsprechend der Zahl ihrer Geschütze in Gruppen eingeteilt. Nach der ursprünglichen Einteilung gehörten zu den Einheiten I. Klasse Schiffe mit über 90 Geschützen, zur II. Klasse Einheiten mit über 80 und zur III. Klasse solche mit über 50 Geschützen. Kriegsschiffe, die zu diesen drei Klassen gehörten, waren so schnell und gut bewaffnet, daß sie bei Gefechtsberührung in einer Linie, ein Schiff hinter dem anderen operierten. Man nannte sie deshalb „Linienschiffe". Kleinere und schwächer bestückte Schiffe teilte man der IV., V. und VI. Klasse zu.
Die Abmessungen der Schiffe sowie die Heuer für Offiziere und Mannschaften wurden von Zeit zu Zeit entsprechend der Klasseneinteilung durch Verordnungen festgesetzt. Konstruktionsmodelle englischer Schiffe, die den jeweils ergangenen Erlassen dieser Art entsprechen, kann man in der umfangreichen Sammlung des Nationalmuseums in Greenwich in allen Einzelheiten studieren. Das mit 96 Geschützen bestückte Modell eines Schiffes dieser Sammlung, etwa aus dem Jahre 1703, ist von besonderem Interesse, weil es auf dem Achterdeck eine Seilwinde trägt mit aufgehaspelten Seilenden, die an ein Steuerrad erinnert. Experten des Museums sind

65 Oben – Die Royal William *mit 100 Geschützen; zeitgenössisches Modell im Nationalen Marinemuseum Greenwich.*

66 Rechts – Unbetakeltes Rumpfmodell der Royal William *aus demselben Museum.*

der Ansicht, daß diese Winde möglicherweise versuchsweise installiert war und daß sich daraus kurz danach das erste auf einem englischen Schiff angebrachte Steuerrad entwickelt hat. Ferner zeigt das Modell zwei runde Verschläge auf dem Vorschiff, die mit geschnitzten und vergoldeten Säulen verziert sind. Es handelt sich hier um Latrinen in der Art der englischen roundhouses, Rundhäuser genannt, an die der alte Seemanns-Vers erinnert: „Was macht man mit dem betrunkenen Seemann?“, dem auch sogleich die Antwort folgt: „Man sperrt ihn ins Rundhaus, bis er nüchtern ist.“

Auch diese Neueinrichtung auf diesem und einem anderen Modell derselben Zeit stellt nach Meinung der Museumsleute einen Fortschritt in der Entwicklung des Schiffsbauwesens dar.

Unter der Regierung von Ludwig XIII. und Kardinal Richelieu gewann die französische Monarchie eine Machtstellung wie noch nie zuvor. Eines der bedeutendsten Schiffe, das damals in Frankreich in Dienst gestellt wurde, war *La Couronne;* sie lief 1638 von Stapel, ein Jahr nach König Karls I. *Sovereign of the Seas.* Sie war auch als Antwort auf dieses prunkvolle englische Schiff gedacht. Leider existiert kein zeitgenössisches Modell der *Couronne.* Es gibt nur einen allerdings hervorragenden Modellnachbau, der aus den Werkstätten des Marinemuseums in Paris stammt.

Nachdem Jean-Baptiste Colbert 1668 französischer Marineminister geworden war, wurde es auch in Frankreich üblich, exakte Modelle geplanter Schiffe zu bauen, die dann in den französischen Docks aufbewahrt wurden. Bei der Aufstellung der französischen Seemacht ließ Colbert zwei Flotten bauen, eine atlantische Flotte mit besegelten Schiffen und eine Mittelmeerflotte, die hauptsächlich aus Galeeren bestand. Colbert verlangte eine äußere repräsentative Gestaltung der französischen Schiffe und beauftragte bekannte Künstler, wie zum Beispiel Pierre Puget, mit dem Entwurf der Dekoration. Er hatte aber auch keine Skrupel, Menschen zum Galeerendienst zu zwingen. Neben politischen Häftlingen, Protestanten und anderen „unerwünschten Elementen“ wurden auch Sklaven aus Afrika und Kanada an die Ruderbänke der Galeeren gekettet.

Manchmal ist es möglich, anhand der vorhandenen Modelle mit offiziellem Charakter die Wichtigkeit eines bestimmten Schiffes abzuschätzen, von dem schon längst auch der letzte Holzsplitter vermodert ist. Es gibt zum Beispiel noch heute mindestens sechs bekannte Konstruktionsmodelle des englischen Schiffes *Royal William.* Dies zeigt, daß man diesem Schiff immerhin einige Bedeutung beimaß. Tatsächlich wissen wir heute ziemlich gut über die *Royal William* Bescheid und können verstehen, warum so viele zeitgenössische Modelle von ihr existieren. Das Schiff war mit 100 Geschützen bestückt und lief 1719 in Portsmouth von Stapel. Es war das dritte in einer Serie bekannter Schiffe und der Nachbau eines älteren Schiffes gleichen Namens. Bei diesem Nachbauverfahren, das besonders wirtschaftlich war, wurde ein überaltertes oder nicht besonders günstig konstruiertes Schiff in

Die üppige und sorgfältig vergoldete Dekoration des Hecks eines Konstruktionsmodells der Prince *von 1670.*

Nächste Seiten – Reproduktion des Gemäldes „A New Whip for the Dutch“ (Neue Peitsche für die holländischen Feinde) von J. Seymour Lucas.

Seymour Lucas.

LE
LOVIS

seine Teile zerlegt. Beim Bau des neuen Schiffes wurden dann soviele Teile wie irgend möglich wieder verwendet. Schon die erste *Royal William* von 1692 selbst war ein Nachbau eines Schiffes *Prince,* das 1670 erbaut worden war.

Die *Royal William* bestand aus Bauholz, das im Winter gefällt und dann im Feuer gehärtet worden war. Das Schiff befand sich stets in einem bemerkenswert guten Bauzustand. Nach dem Neubau 1719 widerstand sein Rumpf fast ein Jahrhundert lang dem Seewasser. Im ersten Band der Marinechronik aus dem Jahre 1799 heißt es:

„Dieses ehrwürdige Schiff sollte eigentlich schon längst verrottet sein; es steht aber unter dem besonderen Schutz des Königs. Sein Bauholz ist so hart, daß es fast jedem Werkzeug widersteht. Unter den Seeleuten trägt es seit langem den Spitznamen *‚The old Billy'.*"

Während ihrer langen Dienstzeit brachte die *Royal William* die Leiche von General Wolfe nach England zurück, nachdem der General bei der Belagerung Quebecs 1759 gefallen war. Sie nahm an dem Flottenunternehmen zur Befreiung Gibraltars 1782 teil und an den Versuchen, das Wrack der mit 100 Geschützen bestückten *Royal George* zu heben, die vor Spithead gekentert war. Einhundert Leute ertranken damals, darunter auch der Admiral Kempenfelt. Später wurde die *Royal William* als Wachschiff im Hafen von Portsmouth vertäut. Nach einigen Jahren befürchteten die Leute, das Schiff könnte sich auf Grund setzen, weil die Berge von Rindfleischknochen, die über Jahre hinweg über Bord geworfen worden waren, schließlich unter Wasser einen Berg bis unter den Schiffsrumpf bilden müßten. 1813 wurde schließlich die *Royal William* abgewrackt.

Im Museum der Marineakademie von Annapolis steht ein prächtiges Konstruktionsmodell der *Royal George* aus naturfarbenem Birnenholz. Die Dekoration des Spiegels mit einer Figur von Georg II., flankiert von Frauenfiguren, verdient besondere Bewunderung. Das Modell stammt entweder aus dem Besitz des II. oder des III. Earl of Sandwich und ging später in den Besitz von J. Seymour Lucas über, des englischen Malers, der die Hauptobjekte seiner Gemälde selbst als Modelle aufbaute. Lucas hing so an seinen Modellen, daß er es ablehnte, sich zu Lebzeiten von ihnen zu trennen. Colonel Henry Huddleston Rogers liebte Schiffsmodelle nicht weniger und bot große Summen zum Ankauf. Aber Rogers, vermutlich der bedeutendste Sammler von Schiffsmodellen auf der ganzen Erde, mußte warten.

Heck des Modells der Louis Quinze *(1692) im Marinemuseum Paris. Sie war das Flaggschiff der Flotte Ludwigs XV.*

67 Galionsfigur eines Modells der Royal William, *Greenwich.*

68 Rechts oben – Die Gestaltung des Spiegels vom Modell eines Schiffes mit 90 Geschützen, das ähnlich der Royal George *von 1715 konstruiert war.*

69 Rechts – Eine Seite dieses Rumpfmodells der Royal George, *heute in Greenwich, blieb unbeplankt, um die innere Rumpfkonstruktion darzustellen.*

4 Die Zeit der großen Segler

Irgend jemand sagte einmal, Segelschiffe seien die schönsten Konstruktionen von Menschenhand. Sollte dies stimmen, so vereinigen die Modelle der schönsten Segelschiffe auf kleinstem Raum die elegantesten Konstruktionslinien und die größten handwerklichen Fertigkeiten von Menschen, die sich der Seefahrt verbunden fühlten.

So eindrucksvoll die Kriegsschiffe auch gewesen sein mögen, von denen in Kapitel 3 die Rede war, so hat doch keines von ihnen die überlegene Eleganz der schnellen Segler und der Hochseejachten erreicht, die in der klassischen Zeit der Segler von Stapel liefen. Das ist verständlich, denn die alten Schiffe der Admiralität waren eher nach den Gesichtspunkten der Kampfkraft anstatt der Manövrierbarkeit, der Widerstandsfähigkeit anstatt hoher Geschwindigkeit konstruiert. In diesem Kapitel werden jetzt Modelle von Schiffen der Flotte verglichen mit Modellen rascherer Segler und besegelter Handelsschiffe, die erkennen lassen, wie sich die Schiffskonstruktionen der dickbäuchigen Karacke des ausgehenden 15. Jahrhunderts bis zum Schnellsegler im 19. Jahrhundert entwickelt haben, dem Teeclipper, der vielleicht das bewundernswürdigste Hochseeschiff der ganzen Schiffsgeschichte war.

Wie die Karacken etwa ausgesehen haben, wissen wir zum Beispiel von verschiedenen Gemälden Carpaccios und von vielen Zeichnungen, Stichen und Holzschnitten anderer Künstler aus der Zeit, als diese Schiffe an allen Küsten Europas zu sehen waren. Das betakelte Modell einer Karacke aus der Werkstatt des Science Museums in South Kensington, London, wurde nach einem zeitgenössischen Druck des flämischen Meisters W. A. mit der Unterschrift „Kraeck" gebaut. Es besitzt einen Rumpf in Kraweelbeplankung, verstärkt durch je vier Linksträger auf Back- und Steuerbord. Der vordere Aufbau, das Vorderkastell, hat zwei Decks und ist mit einer Segeltuchplane bedacht. Auf dem Heckaufbau befindet sich ein offener Verschlag, neben

70 Der Schoner Amphion, *den dieses meisterhafte Modell darstellt, wurde von Fredrik Henrik af Chapman für König Gustav III. von Schweden entworfen.*

74 Oben – Modell des Schoners America *(1851), Marinemuseum Greenwich.*

dem Spiegel an Back- und Steuerbord je ein runder Mannschaftsstand. Am Bug unter dem Außenklüver ist eine Vorrichtung angebracht, die an einen Fischhaken erinnert, der sogenannte Drägger. Karacken – oft auch unkorrekt Caravellen genannt; diese Bezeichnung trifft jedoch nur für portugiesische Schiffe ähnlichen Typs zu – waren zwar Handelsschiffe. In den damaligen Zeiten aber, in denen es noch keinerlei Seerecht gab, mußten sie bewaffnet sein. Der Drägger war dazu vorgesehen, in Schiffe gerammt zu werden, die zu nahe kamen und feindliche Absichten zeigten.
Im 17. Jahrhundert wurden verschiedene große Handelsgesellschaften gegründet, deren schnelle Handelsschiffe von Europa aus bis in die entferntesten Gewässer liefen. Diese Schiffe sind unter den verschiedensten Bezeichnungen bekannt, wie zum Beispiel „Ostindienfahrer“, „Westindienfahrer“, „Guineafahrer“. Sie waren sorgfältiger konstruiert und haltbarer als die meisten damaligen anderen Schiffe, die eher Küstenverkehr trieben. Die Ostindienfahrer, die von britischen, holländischen, französischen und schwedischen Ostindischen Kompanien gehalten wurden, gelten für gewöhnlich als eine eigene Schiffsklasse. Schiffe für den Handelsverkehr mit Ostindien wurden zunächst in sehr verschiedenartigen Größen und Formen errichtet, ehe sich die endgültige Konstruktion des relativ kleinen, breiten und dennoch geräumigen Schiffes herausgebildet hatte. Sehr wahrscheinlich hatten die meisten dieser Fahrzeuge eine Wasserverdrängung von 499 Tonnen, und zwar deshalb, weil für Schiffe über 500 Tonnen ein Bordgeistlicher vorgeschrieben war, dessen Unterhalt aber die Direktionen der Handelsgesellschaften als unnötige Ausgabe betrachteten.
Auch die Ostindienfahrer waren bewaffnet. Sie besaßen geschulte Besatzungen, welche die Schiffe und ihre wertvollen Ladungen wirkungsvoll verteidigen konnten – und oft auch gezwungen waren, dies zu tun. Die *D'Bataviase Eeuw,* die 1719 von Stapel lief, sollte damals an das hundertjährige Bestehen der Hauptstadt der holländischen ostindischen Kompanie, Batavia, erinnern. Ein vorzügliches zeitgenössisches Modell dieses Schiffes ist im Besitz des Royal Scottish Museum in Edinburgh. Es ist aufschlußreich, dies Modell mit dem eines anderen Schiffes aus der gleichen Zeit im Marinemuseum in Gothenburg zu vergleichen. Dieses Modell zeigt eine etwas weiterentwickelte Konstruktion und stellt einen schwedischen Ostindienfahrer aus dem Jahre 1750 dar.
Als Schoner bezeichnet man gewöhnlich ein zweimastiges Segelschiff mit Gaffel-Segeln, dessen Achtermast nicht kürzer ist als der Vormast. Kleinere Jachten dieses Typs fand man im 17. Jahrhundert in den holländischen Binnengewässern; einige Einheiten datieren auch aus England zu Beginn des 18. Jahrhunderts.
Der erste wirkliche Schoner jedoch ist wahrscheinlich in Gloucester, Massachusetts, USA, 1713 von Stapel gelaufen. Bei diesem Stapellauf soll eine Frau ausgerufen haben: “Look how she shoons!” Das sollte heißen: „Seht, wie das Schiff das Wasser teilt!“ Der Schiffsbaumeister soll daraufhin aus-

71 Oben links – Vogelperspektive des Modells einer flämischen Karacke aus dem 15. Jh.

72 Links außen – Modell der Veenlust, *um 1750; Marinemuseum „Prins Hendrik“, Rotterdam.*

73 Links – Modell eines niederländischen Ostindienfahrers um 1740; Niederländisches Museum für Schiffahrtsgeschichte.

gerufen haben: „Schoner soll sie heißen!" Ob dieser Vorgang der Namensgebung aber authentisch ist, läßt sich nicht mehr feststellen. Die Gaffelsegel der Schoner eignen sich jedenfalls besonders für die Küstenschiffahrt bei wechselnden Winden. Zur Mitte des Jahrhunderts verkehrten überall entlang der Ostküste Nordamerikas zwischen dem St. Lorenz-Strom und den Westindischen Inseln Schoner. Gegen Ende des 18. Jahrhunderts wurden praktisch von jeder seefahrenden Nation Schoner gebaut, manche auch für den Flottendienst. Einige der früheren Schoner besaßen zusätzliche viereckige Rahsegel und wurden dann Brigantinen genannt.
Der schwedische Schiffsbaumeister Fredrik Henrik af Chapman beschrieb in seinem Werk *Architectura Navalis Mercantoria* die Hochseehandelsschiffe, die man damals in den nördlichen Gewässern Europas antraf. Die Hauptgruppe klassifizierte er als „Fregatten"; diese Bezeichnung wurde schon zu Beginn des 17. Jahrhunderts für kleine, rasche und leicht bewaffnete Einheiten angewandt. Zu Chapmans Zeiten bezeichnete man als Fre-

75 Dies Modell einer Fregatte mit 28 Geschützen, etwa 1785, stellt vermutlich eines der letzten Schiffe dieser Klasse dar, möglicherweise die in Dover gebaute Ariel.

76 *Situationsdarstellung zweier Geschützbedienungen im Gefecht auf dem Oberdeck des Modells der Fregatte* Josephine.

gatten auch kleine Kriegsschiffe, die besonders als Aufklärer, als Konvoifahrzeuge und für überraschende Angriffe auf feindliche Handelsfahrer geeignet waren. Zwischen 1777 und 1785 wurden für die britische Flotte etwa 30 Fregatten mit je 28 Geschützen gebaut. Im Science Museum von London befindet sich ein Modell solch einer Fregatte, wahrscheinlich der *Ariel,* die 1785 in Dover gebaut wurde und das letzte Schiff dieser Baureihe darstellt.

Zu Ende des 18. Jahrhunderts wurden in den USA drei Fregatten auf Stapel gelegt, die größten und komfortabelsten, die jemals gebaut worden waren. Von diesen drei Schiffen existieren unzählige Modelle. Die *United States* und die *Constitution* liefen 1797 von Stapel, 1800 folgte die *President,* die später von den Engländern gekapert wurde. Die *Constitution* geriet 1812 mit dem britischen Schiff *Guerriere* in ein längeres Gefecht. Danach diente sie geraume Zeit zur Niederhaltung der Schiffspiraten. Man kann sie noch als Original betrachten, denn sie wurde restauriert und ist heute ein Aus-

stellungsstück der Marinedocks von Boston, Massachusetts. Ihre graziöse Rumpfformung und die elegante Takelage ergeben ein schönes Modell. Die Modellbaufirma Marine Model Company Inc. in Halesite, Long Island, New York, bietet einen Baukasten mit mehr als 900 Metall- und Holzteilen an, der es einem engagierten Modellbauer ermöglicht, eine meisterhafte Nachbildung des noch immer schwimmfähigen Schiffes zu erstellen, an dessen Großmast noch in unseren siebziger Jahren die Schiffsflagge weht. Einige der vorzüglichsten Segelschiffsmodelle, die jemals entstanden, wurden von französischen und anderen Kriegsgefangenen angefertigt, die während der langen Kämpfe in den Kriegen gegen Napoleon in britische Gefangenschaft geraten waren. Einige dieser Modelle befinden sich in Privatbesitz. Wenn sie zum Verkauf gelangen, erzielen sie hohe Preise.

77 *Modell der Fregatte* Constitution, *Peabody Museum, Salem, Mass., USA.*

Die ersten Gefangenen während der napoleonischen Kriege wurden in alten Schiffsrümpfen untergebracht, die in Portsmouth und anderen Häfen vertäut lagen. Diese schwimmenden Kriegsgefangenenlager waren einst große Linienschiffe gewesen. In jeder Hulk befanden sich etwa 900 Mann, einschließlich der Wachmannschaften.
Als dann die Gefechte immer erfolgreicher für die Engländer verliefen, auf dem Kontinent ebenso wie auf hoher See, stieg auch die Zahl der Kriegsgefangenen so an, daß sie auch bei schlechtester Unterbringung nicht mehr in den alten Schiffsrümpfen zusammengepfercht werden konnten. In einem Bericht im *Bristol Mirror* vom 13. Juli 1805 schreibt Mr., später Sir Thomas Tyrwhitt, ein Lord Warden habe der Regierung den Bau von Gebäuden vorgeschlagen, um solche Gefangene unterzubringen, die man ohne Schwierigkeiten und Gefahr nach Plymouth und von dort den River Tamar hinauf bringen könne. Dieser Plan wurde ausgeführt, Baracken für eine entsprechende Anzahl von Gefangenen wurden gebaut. Das Lager wurde 1809 eröffnet. Die erste Gruppe von 2500 Gefangenen traf am 24. Mai ein. Später folgten weitere. Das größte Lager wurde bei Porchester Castle errichtet.

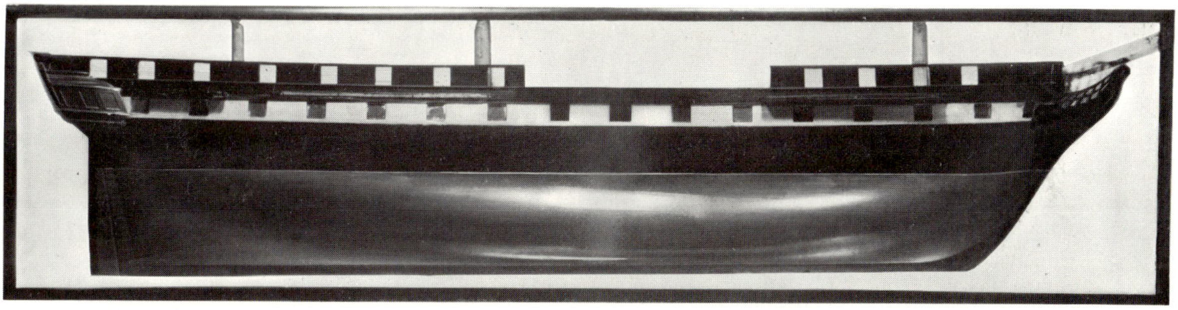

78 Halbmodell der U.S. Fregatte President, *44 Geschütze, um 1800.*

Die französischen Gefangenen errichteten ihre eigene Sozialordnung. Alle hatten zwar für „Freiheit, Gleichheit und Brüderlichkeit" gekämpft, aber dennoch sonderten sich die Reicheren und besser Erzogenen rasch ab. Sie wurden „les Lords" genannt. Im sozialen Rang etwas tiefer stehende Gruppen waren die Arbeiter, „les Laborieux", „les Indifferents" und „les Minables". Von ihren Landsleuten geradezu verachtet wurden „les Kaiserlies" und „les Romans". Sie machten unablässig Glücksspiele und setzten dafür sogar ihre dürftigen Lebensmittelrationen und ihre schlechten Bekleidungsstücke ein.
Die Gefangenen konnten allerdings alles, was sich in ihren Unterkünften herstellen ließ, verkaufen – und das wirkt sich heute sehr günstig für die Leute aus, die Schiffsmodelle mögen.

Man ermunterte die Gefangenen geradezu, ihre Rationen mit dem Geld, das sie durch Handel erwerben konnten, aufzubessern. Dies brachte allerdings die englischen Kaufleute der betreffenden Bezirke in Harnisch. Sie befürchteten Konkurrenz und erhoben scharfe Einwände, als die Gefangenen, besonders „les Laborieux", unter denen sich in erster Linie Mechaniker, Juweliere, Holzschnitzer und andere Handwerker befanden, begannen, Waren herzustellen, die auch von britischen Handwerkern gefertigt wurden, wie zum Beispiel Schuhe und Strohhüte. Die Gefangenen mußten deshalb schließlich Spielzeug und Modelle herstellen, in erster Linie Gegenstände, die großen handwerklichen Aufwand erforderten. Sie erkannten dann, daß die Herstellung von Schiffsmodellen in jeder Hinsicht die am meisten befriedigende Art von Beschäftigung war, ihre erzwungene Freizeit auszufüllen.

Gut bekannt sind die von den französischen Gefangenen aus Bein gefertigten Modelle; das Rohmaterial für diese Modelle stammt – wie es heißt – von den Knochen der Rindfleischrationen der Gefangenen. Andere Modelle, meist noch detaillierter ausgeführt als die kleinen Modelle aus Bein, sind aus Elfenbein, aus Walbein, aus Buchsbaumholz und auch aus Kupfer gefertigt. Einige sehr kleine Modelle sind auch aus Holzspänen oder aus Rinde geschnitzt.

Die handwerkliche Qualität dieser sogenannten Prisoner-of-War-Modelle reicht von „meisterhaft" bis „gerade noch erträglich". Einige der Modelle

79 Unten – Beispiel eines vorzüglichen Prisoner-of-War-Modells, aus Holz gefertigt.

Zwei Modelle, von französischen Kriegsgefangenen aus Bein gefertigt: oben rechts (80) – Modell im Museum der Marineakademie der Vereinigten Staaten; unten rechts (61) – Modell im Marinemuseum von Greenwich.

aus Bein sind ziemlich grob gefertigt, plump beplankt; die Detailgestaltung verrät wuchernde Phantasie. Die besten Modelle allerdings zeigen außerordentlich feine Bearbeitung, sorgfältige Betakelung mit stehendem und laufendem Gut – einige Modelle wurden sogar mit Besegelung ausgestattet. In der damaligen Zeit bestand ein großer Bedarf an Kriegsschiffsmodellen aller Klassen. Dreidecker waren besonders gefragt und konnten leicht abgesetzt werden.

So vorzüglich allerdings viele der Prisoner-of-War-Modelle gefertigt sind, können sie doch niemals authentische Nachbildungen eines bestimmten, klar identifizierbaren Schiffes sein. Daß sie dies gar nicht sein sollten, zeigt sich schon darin, daß sie alle vorwiegend französische Konstruktionsmerkmale zeigen, obwohl sie englische Flaggen tragen und englische Schiffsnamen.

Nach Ende der napoleonischen Kriege benötigte man immer mehr große und rasche Kauffahrteischiffe. Der Handel der Engländer und der Vereinigten Staaten entwickelte sich unbeschränkt. Nach Auflösung des Monopols der Ostindischen Kompanie 1833 standen auch die Handelsrouten nach dem Osten privaten Firmen offen. Die schnellsten Frachtschiffe erbrachten die größten Gewinne.

Heiße und fast endlose Debatten wurden schon über den Ursprung der berühmten Clipper geführt, die diesen Bedarf nach raschem Seetransport erfüllen konnten. Die meisten Sachverständigen sind der Meinung, daß sie

82 Links – 1955 gefertigtes Wasserlinienmodell des amerikanischen Clippers Flying Cloud *von 1851, rekonstruiert nach Angaben von T. Fitzpatrick Jr.*

83 Unten links – Betakeltes Modell des Schoners Thomas W. Lawson *mit sieben Masten.*

84 Unten – Die berühmte Cutty Sark; *Modell im Science Museum, London.*

sich allmählich aus den Briggs und Schonern entwickelt haben, die im 18. Jahrhundert besonders in Baltimore, Maryland, gebaut worden und für ihre hohe Geschwindigkeit bekannt waren. Einige Leute bezeichnen die kleine 1832 in Baltimore von Stapel gelaufene *Ann McKim* als das erste echte Clipperschiff. Andere wiederum benennen den Schoner *Scottish Maid,* der 1839 für den Liniendienst zwischen London und Aberdeen gebaut worden war, als den ersten Clipper. Das erste Schiff jedoch, das unbestritten alle Eigenschaften eines echten Clippers zeigt, war die *Rainbow,* konstruiert von John W. Griffiths, die 1845 in New York von Stapel lief.

Die Clipper erreichten bemerkenswerte Reisegeschwindigkeiten. Zu den schnellsten gehörte die amerikanische *Flying Cloud* aus dem Jahr 1851, welche die Seestrecke von New York nach San Francisco um das Kap Horn in 89 Tagen bewältigte. Die *Lightning* aus dem Jahr 1854 war einer von vier Clippern, die von dem Bostoner Schiffsbauer Donald McKay für die Reederei James Baines in Liverpool gebaut worden war; die Schwesterschiffe waren die *Sovereign of the Seas,* die *James Baines* und die *Donald McKay.* Bei der Überführung nach Liverpool bewältigte die *Lightning* an einem Tage 436 Seemeilen. Dieser Geschwindigkeitsrekord wurde von keinem anderen Segelschiff jemals erreicht. In einer Rekordfahrt von 64 Tagen schaffte sie außerdem ihre erste Rückfahrt von Melbourne in Australien nach Liverpool. Im Hafen von Geelong bei Melbourne fiel sie 1869 einem Brand zum Opfer.

Kein anderer Clipper hat in den letzten Jahren die Schiffsmodellbauer mehr angeregt als die *Cutty Sark* – aus dem einfachen Grund, weil dieses Schiff noch immer existiert und in einem Trockendock in Greenwich aufgelegt ist; sie kann in allen Einzelheiten studiert und vermessen werden. Die meisten Firmen, die Clipper gebaut haben, bestehen heute nicht mehr. Die Bauzeichnungen und technischen Daten sind verloren.

Die *Cutty Sark* entstand unter heute recht seltsam anmutenden Umständen. Um das Jahr 1869 hatte sich in England der Schiffsbau noch nicht auf wenige Werften und nationalisierte Gesellschaften konzentriert. Es gab viele Privatpersonen, die eigene Schiffe unterhielten und stolz auf deren Erfolge waren. Besonders begehrt war bei diesen Leuten der erste Preis bei dem jährlichen „Teerennen". Im Handel mit chinesischem Tee herrschte scharfer Wettbewerb; die ersten Schiffe, die London jeweils mit der neuen Teeernte erreichten, gewannen begehrte Preise und brachten dem Schiffseigner großes persönliches Prestige. Einer dieser Eigner war John Willis, ein sehr vermögender Rechtsanwalt. Er beauftragte einen jungen Schiffskonstrukteur, Hercules Linton, mit dem Bau eines Schiffes, das alle erprobten Merkmale eines Clippers in sich vereinigen und alle Konkurrenzschiffe ausstechen sollte. Ehe jedoch die *Cutty Sark* ihre Überlegenheit beweisen konnte, wurde der Suez-Kanal eröffnet, Dampfschiffe übernahmen den Handel mit China, und das traditionelle Teerennen wurde rasch zu einer Angelegenheit der Vergangenheit. Die *Cutty Sark* wurde bald danach in

Oben links – Modell der Great Michael, *schottisches Schiff aus dem Jahre 1511.*

Oben rechts – Zeitgenössisches Modell des holländischen Ostindienfahrers D'Bataviase Eeuw.

Unten – Die L'Ocean *mit 118 Geschützen wurde 1786 nach Plänen von Sané gebaut; Modell im Marinemuseum Paris.*

Nächste Seiten – Modellrekonstruktion der alten Werftanlage von Buckler's Hard, Hampshire, im Zustand vor dem Stapellauf der Euryalus, *Juni 1803. Das Modell wurde für Lord Montagu entworfen und gebaut.*

Australien für den Wollhandel eingesetzt. Sie fuhr dort einige Jahre als schnellster Segler der Erde und zeigte manchmal sogar den schnellen Dampfschiffen, die sie außer Konkurrenz setzen sollten, ihr Heck.
Es ist kaum verwunderlich, daß die *Cutty Sark* als Schiff mit solch einer Vergangenheit von der weltbekannten Modellbaufirma Marine Model Company Inc. in Halesite, Long Island, ausgewählt wurde, um zum Nachbau einen besonders gut ausgearbeiteten Modellbaukasten vorzubereiten, der unter anderem einen vorgeformten Holzrumpf, geschliffene Masten und Rahen, Beschläge, Takelmaterial, ein Mahagonideck – insgesamt über 840 Teile aus Holz und Metall enthält. Das fertige Modell im Maßstab 1:140 ist 63,5 Zentimeter lang, bei einer Gesamthöhe von 50,5 Zentimeter.
Auch die Firma Revell, die in Deutschland eine Niederlassung hat, führt einen Baukasten für ein Modell der *Cutty Sark* aus exakt im Spritzguß gefertigten Plastikteilen. Ein Revell-Modell der *Cutty Sark,* das ein Modellbauer aus Atlanta aus einem Kasten für zwölf Dollar gefertigt hatte, wurde von ihm später an eine Bank in Jacksonville, USA, verkauft. Die Bank hatte als Firmenzeichen ein Clipperschiff gewählt und wollte ein vorzüglich gearbeitetes Modell in ihrer Schalterhalle ausstellen. Sie zahlte für die *Cutty Sark* aus dem Revell-Baukasten zweitausend Dollar, einen absoluten Rekordpreis für ein Plastikmodell.
Während die Clipper über die Weltmeere zogen, besorgten Schoner der verschiedensten Typen den Handel mit weniger dringlichen Gütern. Der größte Schoner und das einzige Segelschiff mit sieben Masten, das jemals gebaut wurde, war die *Thomas W. Lawson.* Dennoch war sie typisch für die großen Schoner der damaligen Zeit, die lange für den Küstenhandel an der Ostküste der Vereinigten Staaten eingesetzt waren.
Die *Thomas W. Lawson* war 1902 in Quincy, Massachusetts, von der Werft Fore River Shipbuilding Company erbaut worden. Sie besaß einen 116 Meter langen und 15 Meter breiten Stahlrumpf mit drei Decks über die gesamte Länge des Schiffes. Jeder der sieben Stahlmasten bestand aus einem 41 Meter hohen Untermast und einem aufgesetzten 17,5 Meter langen hölzernen Obermast.
Wie auch auf anderen großen amerikanischen Schonern aus der Endperiode der Segelschiffe erfolgte das Setzen und Streichen der Segel der *Thomas W. Lawson* mit Dampfkraft über zwei Dampfwinden, die das gesamte laufende Gut zum Setzen und für Segelmanöver spulten. Die leichtere Segelarbeit, wie das Setzen der Topsegel, erfolgte durch vier kleinere Dampfwinden mittschiffs, die auch zum Übernehmen und Löschen der Ladung dienten. Infolge dieser Mechanisierung benötigte die *Thomas W. Lawson* trotz ihrer Größe nur eine sechzehnköpfige Besatzung.
Nach einer Anzahl sehr erfolgreicher Fahrten zwischen Texas und Philadelphia wurde die *Thomas W. Lawson* 1907 für eine Atlantikreise gechartert. Dabei geriet sie in schlechtes Wetter und vor den Scilly-Inseln im Südwesten Englands in ein gefährliches Seegebiet. Sie ankerte, um den Sturm ab-

Nelsons Flaggschiff Victory *von 1765 als Modell. Das Ruder des Modells besteht aus Holz vom Originalschiff.*

Zwei Modelle von Königsjachten: links (85) die Mary *von 1660, oben (86) – Modell einer Jacht der Stuarts.*

zureiten, kenterte jedoch in der Nacht zum 13. Dezember. Nur ein Besatzungsmitglied wurde gerettet.
Die erste englische königliche Jacht hat in der Geschichte des Schiffsbaus besondere Bedeutung. Sie wurde in Amsterdam für die holländische Ostindienkompanie gebaut und dann von der holländischen Admiralität als Geschenk für Karl II. anläßlich seiner Einsetzung auf dem englischen Thron 1660 gekauft. Ihr Name war *Mary,* die angelsächsische Schreibweise des Namens der Mutter des Königs, Henriette Maria. In England wurde das Schiff als „Jacht" bezeichnet; dieser holländische Ausdruck hat nichts mit einem Wasserfahrzeug für Vergnügungsfahrten zu tun, sondern war einfach der Gattungsname für ein sehr schnelles kleines Schiff oder einen Aufklärer. König Karl pflegte auf der *Mary* die Themse auf und ab zu segeln und schrieb ein Segelwettrennen aus. Deshalb kann man mit einigem Recht behaupten, er habe die Sportart des Regattasegelns, die heute über die ganze Erde verbreitet ist, ins Leben gerufen. Im Marinemuseum von Greenwich steht ein Modell der *Mary,* das F. C. P. Naish nach zwei zeitgenössischen Plänen des Originalschiffs und nach Plänen eines ähnlichen Schiffs, das in Holland 1671 fertiggestellt wurde, angefertigt hatte.
Es gibt noch immer Leute, die rasche Segler und Jachten, wie sie in diesem Kapitel beschrieben werden, zu handhaben verstehen, nämlich für Modell-Segelregatten. Die britische Model Yachting Association, die 1911 gegründet wurde, ist die Dachorganisation von 40 bis 50 nationalen Organisationen. Die Modellsegler aus 14 anderen Ländern, aus Belgien, Dänemark, Deutschland, England, Frankreich, Holland, Italien, Neuseeland, Nordirland, Norwegen, Österreich, Schottland, Südafrika und den USA sind in der International Model Yacht Racing Union zusammengefaßt, die die Teilnahme der Mitglieder an internationalen Wettbewerben ermöglicht.

Schwimm- und segelfähige Modelle von modernen Hochseejachten; oben links (87) das Modell Optimist, *rechts (88) Modelljacht* Gracia. *Beide Modelle sind aus Baukästen der Firma Graupner, Kirchheim/Teck, gefertigt und können einschließlich der Segel funkferngesteuert werden.*

Modelljachten, die an offiziellen Modellregatten teilnehmen, werden in verschiedene Klassen eingeteilt. Die Normen für die einzelnen Klassen müssen von der International Model Yacht Racing Union anerkannt sein. Die Zehnerklasse ist die älteste. Die sogenannte Marblehead-Klasse, deren Spezifikationen aus den USA stammen, wird unter den Modellbauern immer beliebter. Modelle dieser Klasse dürfen nicht länger als 1,25 Meter sein, die Segelfläche darf 50 Quadratdezimeter nicht überschreiten. Bei internationalen Wettbewerben starten die meisten Modelle in der internationalen A-Klasse. Die Abmessungen der Modelle dieser Kategorie müssen einer sehr komplizierten Formel entsprechen:

$$\frac{L + \sqrt{S}}{4} + \frac{L \cdot \sqrt{S}}{12 \cdot \sqrt[3]{D}} = 39{,}37$$

Hierin ist L = Rumpflänge in inches (je 25,4 mm); S = Segelfläche in Quadratinches (je 6,4516 cm^2); D = Wasserverdrängung in englischen Pfund (je 453 g).

Modellregatten werden nach einheitlichen Regeln abgehalten. Es gibt zur Bewertung ein Punktesystem; jeder Teilnehmer versucht, soviel Punkte wie möglich zu gewinnen. Drei Punkte gibt es für einen Lauf über die Regattastrecke gegen den Wind, zwei Punkte für einen Lauf im Wind und ebenfalls zwei Punkte für einen Lauf im Seitenwind. Jeweils zwei Teilnehmer starten gewöhnlich gleichzeitig, dann wechseln die Bewerber, so daß schließlich jedes Boot im Lauf der Regatta gegen jedes andere angetreten ist. Es gibt internationale Preise für die Sieger, zum Beispiel den Yachting Monthly Cup für die Jacht mit der höchsten Punktzahl auf einer jährlich stattfindenden Regatta, den Wing and Wing Cup für die Jacht mit der schnellsten Laufzeit im Wind und den Johnny Johnson Cup für das Modell mit der Bestzeit gegen den Wind.

5 Modelle von Dampfschiffen

„Die entscheidendste Entwicklung in der vieltausendjährigen Geschichte der Seefahrt war ohne Zweifel der Übergang vom Segelschiff zum maschinengetriebenen Schiff", schreibt der Herzog von Edinburgh, der Prinzgemahl von Elisabeth II., der früher aktiver Marineoffizier war. „Eine ähnlich bedeutungsvolle technische Revolution ist kaum denkbar."

Die Grundidee, auf der das Maschinenschiff beruht, ist schon viele Jahrhunderte alt. Bereits im Jahre 264 v. Chr. setzte der römische Feldherr Appius Claudius Caudex seine Truppen in Schiffen mit Schaufelrädern über die Straße von Messina; der Antrieb erfolgte durch Ochsen, die an Drehkreuze gekettet waren. In der Renaissance wurde die Idee des Schaufelrades wieder aufgegriffen. Der Engländer William Bourne zum Beispiel veröffentlichte eine Theorie über den Bau „eines Bootes, das ohne Riemen oder Ruder fährt, sondern eine Art von Räder außen an den Schiffswänden hat". Der Franzose Denis Papin, ein Ingenieur, war vermutlich der erste, der diese Schaufelräder durch Dampfkraft antreiben wollte. 1707 baute er eine erste primitive Versuchskonstruktion solch eines Dampfschiffes. Er soll mit ihr auf der Fulda eine Probefahrt unternommen haben. Es wird berichtet, daß die Flußschiffer bei Hann. Münden so entsetzt über das dampfende Ungeheuer gewesen seien, daß sie es in Stücke schlugen und Papin um sein Leben rennen mußte.

In der Folgezeit wurden mehrere Boote mit Dampfantrieb gebaut, zum Beispiel konstruierte der Marquis Claude de Jouffoy d'Abbans 1781 ein kleines Dampfboot namens *Pyroscaphe,* das zwei Jahre später auf der Saône bei Lyon eine recht erfolgreiche Probefahrt unternahm, die eine Stunde dauerte. Keine dieser Versuchskonstruktionen hat aber bei den Modellbauern mehr als nur vorübergehendes Interesse gefunden. Das erste auch praktisch benutzbare Dampfschiff jedoch, die *Charlotte Dundas* von Lord Dundas, ist recht oft als Modell gebaut worden, meist zum Zweck der

89 Modell des 10600-t-Schlachtschiffes Hoche *(1880) mit Torpedonetz, Marinemuseum Paris.*

technischen Unterrichtung. Dies kleine, schiffsbautechnisch höchst bedeutsame Fahrzeug verdient deshalb auch, hier als Modell abgebildet zu werden.

Lord Dundas erbaute das Schiff 1801 in Grangemouth, Schottland. Es war als Schlepper vorgesehen und sollte zusammen mit einem ähnlichen Schiff Lastkähne durch den Clyde-Kanal schleppen und die Treidelpferde ersetzen. Ein Schaufelrad war in einer Aussparung des Rumpfes im Heck montiert. Es wurde durch die erste in England gebaute direkt wirkende Dampfmaschine mit liegendem Zylinder angetrieben, die William Symington entworfen hatte. Er hatte als erster erkannt, wie die von Thomas Newcomen und James Watt entwickelten Dampfmaschinen als Schiffsantrieb genutzt werden konnten. Im März 1802 schleppte die *Charlotte Dundas* zwei vollbeladene Lastkähne von je 70 Tonnen über 30 km weit durch den Kanal gegen den Wind. Sie brauchte dazu 6 Stunden. Das erregte zwar großes Aufsehen, aber auch die Besorgnis der Besitzer des Kanals, die befürchteten, daß das von einem Dampfschiff aufgewühlte Wasser die Kanalufer beschädigen könne. Die *Charlotte Dundas* wurde deshalb in einer Bucht vertäut und verrottete. Erst 1861 wurde ihre Hulk abgewrackt. Symington erhielt keine nennenswerten Aufträge mehr und starb in ziemlich ärmlichen Verhältnissen.

Nicht Lord Dundas, sondern der energische Amerikaner Robert Fulton war der erste, der ein Dampfschiff wirtschaftlich erfolgreich betrieb.

Fulton war ein vorzüglicher und ideenreicher Geschäftsmann, der besonders dazu begabt war, den Wert der Konstruktionen anderer zu erkennen und sie praktisch und gewinnbringend zu nutzen. Er war mit Robert Fitch befreundet, der 1786 auf dem Delaware-River eine Flußreise gemacht hatte; sein Boot besaß Riemen mit Dampfantrieb. Wahrscheinlich war Fulton auch bei den Versuchsfahrten der *Charlotte Dundas* zugegen. In Paris baute er sein erstes Dampfboot, das aber noch vor der ersten Probefahrt auf der Seine während eines Sturms losriß, leck geschlagen wurde und unterging. Fulton ließ es bergen, konstruierte einen neuen und stärkeren Rumpf und rüstete ihn mit der Dampfmaschine der abgewrackten ersten Konstruktion aus. Die Versuchsfahrten verliefen äußerst erfolgreich. Daraufhin kehrte Fulton in die USA zurück.

Dort gelang es ihm, mit seiner Neukonstruktion aus dem Jahre 1807, der *Clermont,* alle Zweifel über die praktische Brauchbarkeit eines dampfgetriebenen Schiffes auszuräumen. Die *Clermont* war 40 Meter lang bei einer Rumpfbreite von 5,40 Metern; die Teile der Antriebsmaschine stammten aus der Produktion von Boulton und Watt in England. Mit ihr wurde ein regelmäßiger Liniendienst auf dem Hudson zwischen New York und Albany über eine Strecke von 250 Kilometer eröffnet, die jeweils in 32 Stunden zurückgelegt wurden. Dies veranlaßte bald andere Unternehmer, auf allen schiffbaren Flüssen Nordamerikas ähnliche Liniendienste mit Dampfbooten einzurichten. Die 1808 erbaute *Phoenix* war für den Liniendienst auf

90 Oben – Modellrekonstruktion des Dampfbootes Charlotte Dundas *mit Heckschaufelrad.*

91 Rechts – Die Comet *war das erste in Europa wirtschaftlich genutzte Dampfschiff.*

dem Delaware-River bestimmt, mußte aber zunächst von der Werft in New York über See nach Philadelphia überführt werden und war damit das erste auf offener See eingesetzte Dampfschiff.

Das erste europäische Dampfschiff für den Personenverkehr, die *Comet,* wurde 1811 bis 1812 in Schottland am Clyde bei Glasgow gebaut. Ihr Eigner war Henry Bell, ein ziemlich ungebildeter Hotelbesitzer, der aber mit Symington und Fulton befreundet war. Im August 1812 nahm er mit dem kleinen Schiff einen regelmäßigen Liniendienst zwischen Glasgow, Greenock und Helensburgh auf, 13 Jahre, ehe die erste Eisenbahn mit Dampflokomotive in Betrieb genommen wurde.

Die Antriebsmaschine der *Comet* entwickelte etwa 4 PS (2,95 Kilowatt) und trieb das Schiff mit einer Geschwindigkeit von 6,7 Knoten*. Seine Höchstgeschwindigkeit lag damit um 2 Knoten höher als die der *Clermont.* Der Kessel der *Comet* saß auf einem Unterbau aus Ziegelsteinen. Im Vorschiff und im Heck besaß sie je eine Kabine; dazwischen war der Maschinenraum. Ursprünglich war sie mit zwei Schaufelpaaren ausgerüstet. Sie wurden später durch ein Radpaar ersetzt. Daß man sie ohne Mast aufbaute, war geradezu ein Bruch mit allen schiffsbautechnischen Traditionen. Dafür jedoch konnte man an dem recht hohen Kamin Segel setzen, so daß sie, wie es in einer Ankündigung hieß „Kraft des Windes und des Dampfes segeln“ konnte.

Auf einer Fahrt von den Western Highlands nach Glasgow ging sie 1820 zu Bruch. Im Science Museum von London steht ein schönes Modell von ihr, angefertigt von T. Rennies nach Originalplänen des Schiffes, die heute noch vorhanden sind.

Der Schiffsname erinnert an einen Kometen, der zur Zeit ihrer Konstruktion am Himmel erschienen war. Während ihrer relativ kurzen Betriebszeit übte sie großen Einfluß auf die weitere Entwicklung der Dampfschiffahrt aus. 1818 gab es bereits eine Dampfschiffahrtslinie zwischen Greenock in Schottland und Belfast in Irland, ab 1820 verkehrte die *Rob Roy* regelmäßig zwischen Dover und Calais über den Ärmelkanal. 1821 wurde die erste Dampfschiffahrtsgesellschaft, die General Steam Navigation Company, gegründet, die mit der *City of Edinburgh* ihre Tätigkeit aufnahm.

Die *Charlotte Dundas,* die *Clermont* und die *Comet* waren Holzschiffe. Das erste Dampfschiff mit stählernem Rumpf, die *Aaron Manby,* wurde in Staffordshire, England, 1822 für die Schiffahrt auf der Seine gebaut, und zwar in Sektionsbauweise. Man verfrachtete die vorgefertigten Stahlteile nach London, wo sie in den Surrey Docks zusammengesetzt wurden. Dann dampfte das Schiff über den Ärmelkanal und wurde auf der Seine und Loire bis 1842 eingesetzt.

Die *Savannah* war das erste Dampfschiff, das ein offenes Weltmeer, den Atlantik, überquerte. Ihr hölzerner Rumpf mit Kraweelbeplankung wurde

---

* 1 Knoten = 1 Seemeile = 1,852 km.

in New York von Francis Fickett auf Kiel gelegt und lief am 22. August 1818 von Stapel. Sie hatte einen gekurvten Vordersteven; das Heck war rechteckig geformt, das Ruder schmal. Betakelt war sie mit drei Masten und einem recht steil nach oben ragenden Klüverbaum. Sie besaß zwei Speiseräume und 32 Kojen, war als Segelschiff gebaut und sollte im Passagier- und Postdienst zwischen New York und Le Havre eingesetzt werden. Aber schon vor ihrer Fertigstellung wurde sie von der neugegründeten Savannah-Dampfschiffgesellschaft aufgekauft. Als Hilfsantrieb wurde eine Dampfmaschine mit 90 PS (66 Kilowatt) Leistung der Speedwell-Stahlwerke in New Jersey eingebaut. Der Kamin trug ein geknicktes, drehbares Oberteil, das so gestellt werden konnte, daß der Funkenflug nicht die Segel traf. Die Schaufelräder hatten einen Durchmesser von 4,58 Metern. Die zehn Schaufelarme jedes Rades waren mit Ketten verspannt, konnten jedoch

92 Die Savannah *überquerte 1819 als erster „Dampfer" den Atlantik; allerdings wurde die Dampfmaschine nur auf einer Teilstrecke eingesetzt. Das Modell des amerikanischen Schiffes steht im Science Museum, London.*

leicht von der Nabe abgenommen und an Deck gelegt werden, wenn das Schiff unter Segel fuhr. Bei Dampfbetrieb rotierten sie mit zehn Umdrehungen pro Minute und verliehen dem Schiff eine Geschwindigkeit von etwa 4 Knoten, wenn es ohne jede Besegelung fuhr.

Im März 1819 wurde die *Savannah* erprobt. Im Seehandel herrschte damals eine Periode der Depression, so daß sich die Schiffseigner schließlich gezwungen sahen, das Schiff nach Europa zum Verkauf zu überführen. Am 24. Mai 1819 lief sie aus und erreichte Liverpool nach 27 Tagen und 11 Stunden mit einer Durchschnittsgeschwindigkeit von etwa 6 Knoten. Bei dieser Überfahrt lief die *Savannah* insgesamt 85 Stunden unter Dampf. Später wurde sie nach St. Petersburg, dem heutigen Leningrad, überführt, konnte jedoch dort nicht verkauft werden. Unter Segel wurde sie wieder nach den USA zurückgebracht und 1820 versteigert. Die Hilfsmaschine wurde ausgebaut und das Schiff für den Küstendienst zwischen Savannah und New York umgerüstet. Am 5. November 1821 strandete sie vor Long Island und mußte aufgegeben werden. Die Newcomen Society in den USA schenkte ein Modell der *Savannah* dem Science Museum in London, wo es heute noch zu sehen ist. Ein weiteres Modell steht im Marinemuseum in Newport News. Es diente als Vorlage für die 3 Cent-Gedenkbriefmarke, die von der US-Postbehörde im Mai 1944 ausgegeben wurde.

Ständig unter Dampf überquerte den Atlantik erstmals die *Sirius,* ein kleines Schiff, das für den Kanalverkehr vorgesehen war. Aufgebaut wurde sie 1837 in Schottland für die City of Cork-Dampfschiffahrtsgesellschaft. Sie besaß zwei Masten für eine Hilfsbesegelung aus drei Rahsegeln am Vormast und Gaffelsegeln am Achtermast. Die Gallionsfigur stellte einen Hund dar, der zwischen seinen Pfoten ein Symbol des Hundsternes trägt, des Sirius, nach dem das Schiff benannt war. Die Besatzung bestand aus 35 Mann.

Die Dampfmaschine leistete 320 PS (230 Kilowatt) und wurde von der Thomas Wingate-Company bei Glasgow gebaut. Als eines der ersten Schiffe war die *Sirius* mit Dampfkondensatoren ausgerüstet. Das Kesselwasser bzw. der Dampf konnte daher in einen geschlossenen Kreislauf geführt werden.

Im Frühjahr 1838 wurde die *Sirius* von der neugegründeten Britisch-Amerikanischen Dampfschiffahrtsgesellschaft gechartert, deren erstes eigenes Schiff, die *British Queen,* noch nicht fertiggestellt war. Unter Kommando des Marineleutnants R. Roberts lief die *Sirius* zunächst von London nach Cork Harbour, wo sie Kohle übernahm, und ging dann am 4. April 1838 mit 40 Passagieren an Bord in See. Bei der Überfahrt geriet sie in starke Gegenwinde, ein Teil der Mannschaft protestierte und erklärte es für Wahnsinn, dagegen anzudampfen. Der Kommandant setzte sich jedoch durch. Am 22. April lief sie ohne Beschädigungen im Hafen von New York ein, nach einer Atlantiküberquerung von 18 Tagen mit einer mittleren Geschwindigkeit von 6,7 Knoten.

93 Modell der Sirius, *die erstmals den Atlantik über die ganze Strecke mit Dampfkraft überquerte.*

Ihre Ankunft erregte großes öffentliches Aufsehen. Eine Zeitung schrieb damals:

„Man spricht in New York von nichts anderem mehr als von der *Sirius*. Sie ist das erste Dampfschiff, das von England kommend hier eintraf und ein sehr glückliches Schiff. Fast jeder New Yorker Handelskaufmann ging gestern an Bord zu einer Besichtigung. Leutnant Roberts von der Royal Navy ist der erste Mann, der ein Dampfschiff von Europa nach Amerika führte."

Bereits am 1. Mai lief die *Siriüs* wieder zur Rückreise aus. Tausende von Menschen strömten als Zuschauer auf den Kais zusammen; die Hafenbatterien feuerte 17 Salutschüsse, eine Ehrerweisung, die kaum jemals zuvor einem Handelsschiff zuteil geworden war. Am 18. Mai lief sie in Falmouth ein. Im Juli 1838 unternahm sie nochmals eine Atlantiküberquerung mit Rückreise. Danach wurde sie aber nur noch in den heimatlichen Gewässern eingesetzt. Zwischen Glasgow und Cork lief sie 1847 auf die Riffe von Ballycotton Bay auf und ging verloren.
Ironischerweise war auf ihrer ersten Atlantikfahrt die *Sirius* nur wenige Stunden vor der *Great Western,* dem ersten speziell für den Atlantikdienst gebauten Dampfer, in New York eingetroffen. Die *Great Western* war am 7. April 1838, drei Tage nach der Sirius, von Bristol aus in See gegangen. Sie geriet jedoch in so ungünstiges Wetter, daß sie erst am 8. Mai aus der Mündung des Avon auslaufen konnte. Nach 15 Tagen und 5 Stunden erreichte sie mit einer Durchschnittsgeschwindigkeit von 8,8 Knoten New York und traf dort auf die *Sirius,* die ihr die Show der Atlantiküberquerung gestohlen hatte.
Die *Great Western* war zwar ein Holzbau nach Entwürfen des bekannten Ingenieurs Isambard Kingdom Brunel, besaß jedoch spezielle Rumpfverstärkungen gegen die schweren Seen des Atlantik in Form diagonaler Spantenverstrebungen und vier Reihen von je sieben Meter langen und vier Zentimeter starken stählernen Längsverstrebungen in der Rumpfbodenkonstruktion. Unterhalb der Wasserlinie war der Rumpf zur Abdichtung mit Kupferblech belegt. Dreihundert Personen konnten im Bedarfsfall auf dem Schiff untergebracht werden.
Am 7. Mai lief die *Great Western* zu ihrer Rückreise aus New York aus und erreichte am 22. Mai Bristol. Während der nächsten acht Jahre verkehrte sie zwischen diesen beiden Häfen und kreuzte den Nordatlantik insgesamt 64 mal. 1847 wurde sie dann von der British and North American Steamship Company, der späteren Cunard-Reederei, aufgekauft und eröffnete den Linienverkehr zwischen Southampton und den Westindischen Inseln. Vor Vauxhall ging sie 1857 verloren.
Das Dampfer *Britannia* wurde als erstes Postschiff für die Nordamerika-Route in Greenock, Schottland, von der Robert Duncan Company für die Royal Mail Steam Packet Company gebaut. Sie lief am 5. Februar 1840 von

Stapel. Auch sie war ein Holzbau. Ihre drei Schwesterschiffe *Acadia, Caledonia* und *Columbia* entstanden etwa zur gleichen Zeit in Clyde. Die vier Schiffe sollten eine regelmäßige monatliche Postverbindung zwischen Liverpool und Halifax bzw. Boston herstellen, die von der britischen Regierung subventioniert wurde.
Die *Britannia* hatte, wie ihr Modell im Science Museum, London, zeigt, die Betakelung einer Dreimast-Bark, zwei Decks, einen quadratischen Spiegel und die Bugform eines Clippers. Die Besatzung bestand aus 89 Offizieren und Mannschaften. Die Offizierskabinen waren auf dem Oberdeck. Im Hauptdeck befanden sich Kabinen für 115 Passagiere und ein Speisesaal. Zur Frischmilchversorgung wurden in einem Stall auch einige Kühe mitgeführt.
Die Eigner beschrieben die *Britannia* zwar als luxuriös. Aber Charles Dikkens, der auf ihr 1842 den Atlantik überquerte, war anderer Meinung:

„Auf dem Weg in die Eingeweide des Schiffes kamen wir vom Deck zuerst in einen langen schmalen Raum, einem riesigen Sarg mit Fenstern nicht unähnlich; an einem Ende brannte ein traurig anmutender Ofen, über dem drei oder vier schaudernde Stewards ihre Hände rieben. Über die ganze öde Länge erstreckte sich ein fast unabsehbarer Tisch. Darüber hing unter der niedrigen Decke ein Regal mit Trinkgläsern und Krügen, die dann bei schwerem Wetter und rollendem Schiff unaufhörlich gegeneinander klirrten."

Die *Britannia* schaufelte sich mit ihren Rädern von 8,40 Metern Durchmesser, mit denen sie ohne Schwierigkeiten 8,5 Knoten erreichte, immerhin 40mal höchst erfolgreich über den Atlantik. Als im Winter 1844 das Schiff im Hafen von Boston im Eis festlag, schlugen ihm die Bürger der Stadt mit ihren eigenen Booten und auf eigene Kosten eine über 11 Kilometer lange und 30 Meter breite Fahrrinne, damit es ins offene Wasser gelangen konnte. 1849 wurde es an den Norddeutschen Bund verkauft, der es zu einem Kriegsschiff umrüsten wollte. Später wurden jedoch die Maschinen ausgebaut. Es lag dann noch einige Jahre als Hulk im Wasser und wurde vermutlich in Glasgow vom Sohn des Erbauers abgewrackt.
Noch immer existiert aber der Rumpf eines anderen historischen Schiffes von Isambard Kingdom Brunel, der *Great Britain.* 1838 wurde sie von der Direktion der Great Western Steamship Company in Auftrag gegeben als Schiff von der doppelten Größe der *Great Western* und als größtes bis dahin jemals gebautes Wasserfahrzeug.
Aber nicht nur ihre geplante Größe erregte Aufsehen. Brunel gab bekannt, es sei unmöglich, solch ein großes Schiff als Holzkonstruktion zu bauen; es werde deshalb das erste Seefahrzeug aus Stahl sein. Dann kam die Verlautbarung, es werde auch das erste Ozeanschiff mit Schraubenantrieb werden.

Die Great Western, *von Brunel konstruiert; oben (94) Bugansicht; links (95) Seitenansicht eines exakten Modells. Zwischen den Radkästen erkennt man die Grundkonstruktion einer Kommandobrücke, die ungedeckt war.*

Der 1838 gebaute 240 Tonnen verdrängende Dampfer *Archimedes* mit Schraubenantrieb hatte bei seiner Fahrt um die britischen Inseln auch die ultrakonservativen Lords der Admiralität davon überzeugt, daß der Radantrieb nicht die beste aller Lösungen sei. Für die geplante *Great Britain* fand sich nun aber kein Auftragnehmer mehr, der das Risiko des Aufbaus einer solch neuartigen Konstruktion eingehen wollte. Das Direktorium der Gesellschaft mußte daher den Bau selbst übernehmen und schuf einen Werftplatz in Wapping Wharf, Bristol, mit einem Trockendock, das noch heute benutzt wird.
Der Bau unter Brunels persönlicher Leitung machte nur langsame Fortschritte, weil nach den offiziellen Verlautbarungen „bei der Konstruktion mehr unerprobte Prinzipien Anwendung finden, als jemals zuvor bei einem Bauobjekt". Zum Beispiel erhielt der Rumpf erstmals wasserdichte Schotten. Vor einer großen Menge von Schaulustigen konnte Prinzgemahl Albert schließlich am 19. Juli 1843 den Stapellauf einleiten. Bis 1846 versah das Schiff dann Liniendienste über den Atlantik. In diesem Jahr lief es in Dundrum Bay, Irland, auf Strand. Es lag elf Monate fest. Brunel ließ Wellenbrecher aufschütten, in deren Schutz es schließlich wieder flottgemacht werden konnte. Daß die *Great Britain* dieser Belastung der Strandung überhaupt standgehalten hatte, wurde als Beweis der Überlegenheit der Stahlbauweise im Schiffsbau gewertet.
Einige Jahre lang war die *Great Britain* tatsächlich das größte Wasserfahrzeug. Dann aber wurde sie von dem nächsten Produkt von Brunels unruhigem Erfindergeist in den Schatten gestellt, dem Schiff, das von seinen Eignern beim Stapellauf bezeichnenderweise *Leviathan* getauft worden war,

Der Raddampfer Britannia *aus dem Jahre 1840 war als Dreimastbark betakelt. Das Wasserlinienmodell links (96) im Science Museum, London, informiert genau über die Gestaltung des Oberdecks – rechts (97) – dieses Dampfers aus der Frühzeit.*

aber kurz danach in *Great Eastern* umbenannt und unter diesem Namen heute bekannt ist. Die *Great Eastern* war fast sechsmal größer als jedes andere damalige Schiff. Brunel erklärte, auch die größten Atlantikseen könnten es nicht aus seiner Ruhelage bringen. An Bord werde es keine Seekrankheit geben. (Das allerdings war eine übertriebene Behauptung, wie wir heute wissen. Selbst die allergrößten modernen Schiffe geraten bei schwerem Wetter und langer Dünung in Roll- und Schlingerbewegungen. Man kann auch auf ihnen seekrank werden. A. d. Ü.)
Die Kiellegung des ersten „Ozeanriesen" erfolgte in Millwall bei London am 1. Mai 1854. Er konnte nicht in einem Trockendock aufgebaut werden, denn es gab kein Dockbecken, das groß genug war. Man konnte es auch nicht auf übliche Art Heck voran zu Wasser lassen, also im rechten Winkel zum Ufer, denn die Themse bei Millwall ist nur etwa 300 Meter breit und das hätte nicht ausgereicht, um den Rumpf im Wasser auslaufen zu lassen. Man entschloß sich deshalb, das Schiff in dem damals neuartigen Verfahren des Querstapellaufes nach der auf einige Jahre berechneten Bauzeit ins Wasser gleiten zu lassen.
Der Bau war wahrlich aufregend. Über zweitausend Arbeiter schufteten Tag für Tag von Sonnenaufgang bis zur Dämmerung, um die 30000 Stahlplatten, von denen jede mehr als ein Drittel einer Tonne wog, zu einem praktisch unsinkbaren Rumpf zusammenzumontieren. Mehr als drei Millionen fast kinderarmstarke Niets mußten gesetzt werden, Werkleute stürzten von den Baugerüsten zu Tode, Lehrlinge wurden von Eisenteilen zermalmt und verstümmelt. Einen Handwerker und seinen Gehilfen, ein Kind noch, mußte man „vermißt" melden. Man sah sie niemals lebend wieder. Später nach Jahren, als das Schiff schließlich wieder abgewrackt wurde, fand man ihre zersetzten Leichen in einem Winkel zwischen der Außen- und Innenhaut des Rumpfes. Sie waren eingenietet worden. In allen Teilen der zivilisierten Welt erhoben sich Stimmen der Bewunderung und der Kritik. Der amerikanische Dichter Henry Wadsworth Longfellow besang das Wunder von Millwall in Versen:

„. . . erhaben wie ein Kirchenchor
ragt der dunkle Rumpf empor . . .",

während der Autor von Moby Dick und Billy Budd, Herman Melville nach einer Fahrt über die Themse in sein Tagebuch schrieb:

„Gigantisches Spielzeug. Hat keine Substanz. Haltbares Material für zerbrechliche Struktur. Hält keine hundert Jahre . . ."

Lange ehe die letzten Nietbolzen zum Schließkopf geformt waren, fragten sich Leute mit technischem Verstand, wie der Riese nun eigentlich das Wasser erreichen solle. Der Kiel lag über 30 Meter über der Hochwassermarke

Modell des Kauffahrteischiffes Mars *aus Bristol (1779).*

Nächste Seiten – Modell des letzten der Tee-Clipper, der Thermopylae *von 1868, die 1907 als nicht mehr verwendungsfähig versenkt wurde. Das Modell ist nach den noch vorhandenen Plänen des Originalschiffes erbaut.*

F4(10)

auf einer Bauebene mit einer Neigung von nur acht Prozent; dies entspricht der Steigung einer Straße, die man noch im 4. Gang befahren kann. Brunel beschloß, mit hydraulischen Pressen den Rumpf wasserwärts zu drücken und ihn gleichzeitig mit Schleppern von der Themse aus in gleiche Richtung zu ziehen. Außerdem wurden serienweise Winden eingesetzt und Zugkabel von insgesamt mehreren Kilometer Länge angebracht, die man größtenteils von der Admiralität ausgeliehen hatte.

Dennoch wurde die Feier des Stapellaufes zu einem öffentlichen Fiasko. Vor den Augen einer erregten Menge – man schätzte rund 100000 Zuschauer –, bemühten sich Brunel und seine Mannschaften vergeblich, die riesige Stahlkonstruktion in Bewegung zu bringen. Es regnete in Strömen. Unter den Zurufen der Menge mußte nach Stunden der Meisterkonstrukteur schließlich klein beigeben. Seine Möglichkeiten waren vorerst zumindest erschöpft.

Einen Monat später, während einer Springtide mit höchstem Wasserstand der Themse, unternahm man den nächsten Versuch – aber unter Ausschluß der Öffentlichkeit. Brunel hatte noch mehr Pressen, Winden und Kabel besorgt, aber dennoch bewegte sich der Koloß nur um wenige Zoll. Es blieb nichts anderes übrig als ihn unter unsäglichen Anstrengungen im Lauf von zwei Monaten in Regen und Kälte Handbreite um Handbreite dem Wasser entgegenzuwuchten, bis er schließlich am 31. Januar 1858 unbeachtet von der Öffentlichkeit, die das ganze Theater satt hatte, frei schwamm.

Noch jahrzehntelang konnten sich zu Beginn der zweiten Hälfte des vorigen Jahrhunderts weder die Schiffseigner noch die Passagiere entschließen, bei der Seefahrt allein der Dampfmaschine zu vertrauen. Die Seeschiffe wurden daher noch immer mit Masten und Takelage für Besegelung und mit Dampfantrieb gleichzeitig ausgerüstet. Ein unter diesen Gesichtspunkten sehr aufschlußreiches Modell ist im City Museum von Plymouth zu sehen, das Modell der *Alabama,* eines Schraubendampfers mit drei Masten, betakelt als Bark.

Die *Alabama* war während des amerikanischen Bürgerkrieges in Birkenhead erbaut worden, und zwar im Auftrag der Südstaaten. Da Großbritannien offiziell neutral war, betrachteten die Nordstaaten den Bau des Schiffes als Neutralitätsbruch und forderten eine Untersuchung über den Status des Schiffes. Ehe diese aber eingeleitet werden konnte, lief das Schiff, damals nur als *Number 290* bezeichnet, aus der Jersey-Mündung aus – angeblich zur Maschinenerprobung.

Die *Alabama* lief aber auf die Azoren und wurde dort von einer amerikanischen Mannschaft unter Kommando des Captain Raphael Semmes der Marine der konföderierten Südstaaten übernommen. Sie wurde mit Geschützen bestückt, munitioniert und dann sehr erfolgreich als Handelskreuzer eingesetzt. Sie versenkte alle Schiffe der Nordstaaten oder für die Nordstaaten fahrende Einheiten, deren sie habhaft werden konnte, oder steckte

Das maßstabgerechte Rumpfmodell zeigt die elegante Linienführung des Schoners America *von 1851 besonders deutlich.*

Der bauchige Rumpf dieses englischen Schiffes etwa aus dem Jahre 1485 demonstriert die plumpe Bauart dieser alten Schiffe. Bemerkenswert ist die Nutzung der Segelfläche zu heraldischer Dekoration.

98 *Die* Great Britain *war das erste Dampfschiff, das mit Schraubenantrieb den Atlantik kreuzte.*

sie in Brand. Insgesamt fielen ihr in zwei Jahren rund 70 Fahrzeuge zum Opfer. Dann lief sie Cherbourg an, um zu docken, wurde dort aber von der Fregatte *Kearsage* der Nordstaaten unter Captain John Winslow gestellt, die schon einige Zeit Jagd auf die *Alabama* gemacht hatte. Die *Kearsage* war ähnlich ausgerüstet wie die *Alabama,* aber etwas stärker bestückt. Zwar mußte auf Anweisung der französischen Behörden die *Kearsage* den Hafen verlassen. Am 19. Juni 1864 faßte sie aber die *Alabama* etwa acht Seemeilen vor der Hafeneinfahrt. Nach etwa einstündigem Gefecht begann die *Alabama* zu sinken. Da kreuzte die private Dampfjacht *Deerhound* des Mr. John Lancaster aus Wigan auf, der sich mit Frau und Kindern auf einer Urlaubsfahrt befand, bezog Warteposition, übernahm schließlich die Überlebenden der *Alabama* und brachte sie nach Southampton.

Die Schadenersatzverhandlungen mit den Nordstaaten zogen sich bis 1871 hin. Schließlich kam man überein, daß Großbritannien wegen des Falles *Alabama* drei Millionen Pfund Sterling Schadenersatz leistete.

Die technischen und konstruktiven Fortschritte beim Bau von Passagier- und Frachtschiffen während der Übergangszeit vom Segel- zum Maschinenschiff kamen schließlich auch zur Kenntnis der Verantwortlichen in den Marinebehörden der verschiedenen Staaten. Diese meist älteren Herren waren allerdings recht zurückhaltend, wenn es darum ging, eingefahrene Meinungen zu revidieren. Die Schaufelräder, so erklärten sie – nicht ganz zu Unrecht –, seien sehr leicht verletzliche Ziele für das feindliche Feuer. Außerdem behagte ihnen die Vorstellung nicht, große feuergefährliche Brennstoffmengen und explosionsgefährliche Dampfkessel an Bord zu ha-

99 Die Great Eastern *von 1858 ist in technischer Beziehung bemerkenswert, weil sie eine Schraube und Schaufelräder besaß.*

ben. Die Schiffsmodelle aus der damaligen Zeit belegen, daß sich die neuen konstruktiven Ideen nur sehr langsam, allerdings unaufhaltsam, in die Köpfe der Marineleute einnisten konnten. Diese Modelle ergeben zusammen ein Bild einer evolutionären Entwicklung.

Bis 1858 wurden Kriegsschiffe mit Segeln als der wichtigsten Antriebsart gebaut. Im Museum der Marineakademie von Annapolis steht ein Modell der *U.S.S. Hartford,* des Flaggschiffs von Admiral Farragut in der Schlacht bei New Orleans; eine Dampf-Fregatte, die 1858 gebaut worden war. Das Modell zeigt ein typisches amerikanisches Segelschiff aus der Blütezeit der Großsegler, die von der mit dem Clipper entwickelten Schiffsarchitektur bestimmt war. Der Dampfantrieb hatte damals noch keine drastischen Änderungen der Grundbauweise zur Folge gehabt.

Es versteht sich von selbst, daß in solch einer Situation, in der neue mit überkommenen Ideen kombiniert wurden, bei der Flottenplanung Unentschlossenheit und Verwirrung herrschte. Linienschiffe und Fregatten wurden auf Kiel gelegt, ihr Bau einige Zeit fieberhaft vorangetrieben – um sie dann halbfertig verrotten zu lassen oder wieder abzuwracken. Eines der größten Schiffsmodelle, die jemals gebaut wurden, ist das der Korvette *U.S.S. Antietam* mit 23 Geschützen, heute im Museum der Amerikanischen Marineakademie. Als das Schiff 1862 auf Kiel gelegt wurde, galt es noch als eine geradezu epochemachende Konstruktion. Dann aber tauchten unvermeidlich Zweifel auf. Der Bau verzögerte sich und wurde schließlich noch auf der Werft als überaltert abgeschrieben. Nach 14 Jahren, 1876, kam es zwar doch noch zum Stapellauf. Eingesetzt wurde die *Antietam* aber nur noch als Versorgungsschiff.

Der letzte aus Holz gebaute englische Dreidecker, die *Howe* mit 121 Geschützen, lief im März 1860 von Stapel. Auch sie ist ein Beispiel unklarer konstruktiver Konzeption. In der allgemeinen Formgebung ist die *Howe* noch immer ein Schiff aus der Zeit Nelsons, mit rechteckigen Geschützöffnungen und einer Sternkonstruktion, die sich seit dem 17. Jahrhundert kaum geändert hatte. Zwei Schornsteine und eine Schraube am Heck sind aber die Zugeständnisse an die technische Entwicklung der Zeit. Tatsächlich war die *Howe* schon überholt, ehe sie frei schwamm. Sie wurde als Schulschiff für Kadetten umgebaut und erhielt ironischerweise den Namen *Impregnable* (Die Unüberwindliche).

Bereits 1825 hatte der französische Oberst Paixhans vorgeschlagen, Kriegsschiffe mit einem Panzer aus 18 bis 20 Zentimeter starken Stahlplatten zu versehen. Bei Versuchen zeigte sich jedoch, daß solche gepanzerten

100 Modell der U.S. Dampffregatte Hartford *von 1858.*

Schiffe schwierig zu manövrieren waren. Dann aber erwies sich in der Seeschlacht von Sinope 1853, in der die russische Flotte praktisch die türkische völlig zerstörte, daß ungeschützte Holzschiffe dem Beschuß mit Sprenggeschossen nicht standhalten konnten. Der französische Schiffskonstrukteur Dupuy de Lôme befaßte sich mit diesem Problem und baute einen hölzernen Zweidecker mit 12 Zentimeter starken Stahlplatten zum ersten Panzerschiff um, der *Gloire*.

Das brachte die englische Admiralität auf den Plan. Sie antwortete mit dem Bau der eleganten Fregatte *Warrior* in Stahlbauweise mit Schraubenantrieb, von der unter anderem im Britischen Marinemuseum von Greenwich und im Science Museum London vorzügliche Modelle stehen. Die Stahlbauweise ermöglichte die Konstruktion sehr viel größerer Schiffe als jemals zuvor, die entsprechend mehr Geschütze auf einem Deck tragen konnten.

101 Blockadebrecher Alabama *der Flotte der amerikanischen Südstaaten aus dem Bürgerkrieg.*

102 Oben links – Eines der größten jemals gebauten Schiffsmodelle ist das der U.S.S. Antietam *im Museum der amerikanischen Marineakademie.*

103 Unten links – Modell des letzten britischen Dreideckers Howe.

104 Oben – Das Modell der Warrior, *die im gleichen Jahr wie die* Howe, *1860, von Stapel lief, zeigt, welche Konfusion in der allgemeinen Richtung des Schiffsbaus um diese Zeit herrschte.*

Die *Warrior* und ihr Schwesterschiff, die *Black Prince,* waren bereits rund 30 Meter länger als die *Howe* aus der gleichen Zeit.

Schiffe wie die *Warrior* machten die Kriegsschiffe aus Holz aller Flotten der Erde für den Kriegseinsatz unbrauchbar. Das zeigte sich besonders deutlich bei der ersten Gefechtsberührung zweier gepanzerter Schiffe, der *Virginia* der Südstaaten und der von vornherein als Panzerschiff konstruierten *Monitor* auf der Reede von Hampton Roads, Virginia, am 9. März des Jahres 1862.

Die *Virginia* war die mit großen Schwierigkeiten umkonstruierte Hulk der *Merrimack,* einer Fregatte mit einer Schraube, die am 14. Juni 1855 in Boston von Stapel gelaufen war. Zu Anfang des amerikanischen Bürgerkrieges war sie von den Streitkräften der Nordstaaten bei der Räumung des Marinehafens Gosport in Brand gesetzt und aufgegeben worden. Rumpf und Maschinenanlage waren aber noch intakt. Marinekonstrukteure der Südstaaten panzerten das Deck mit Stahl und bauten eine Art Überdachung aus Eichenbalken, belegt mit Eisenbahnschienen, darüber. So geschützt sollte das Schiff jeder Feuerwirkung widerstehen.

Die Bedrohung, die das Schiff darstellte, veranlaßte die Flottensachverständigen der Nordstaaten, den schwedischen Ingenieur John Ericsson mit dem Bau eines Panzerschiffs zu beauftragen, mit dem man die *Merrimack* vernichten könnte. Ericsson griff auf ein Konstruktionsschema zurück, das er bereits Napoleon III. vorgelegt hatte, begann 1862 mit dem Bau in Greenpoint, Long Island, und schuf so das Spezialschiff *Monitor,* das wegen seines Aussehens bald den Spitznamen „Käseschachtel auf Floß" erhielt.

105 *Modell der amerikanischen Dampffregatte* Merrimack, *deren Rumpf zu dem Panzerschiff* Virginia, *gegenüberliegende Seite, umgebaut wurde.*

Die *Monitor* war nur beschränkt seefähig. Bei ihrem ersten Einsatz wäre sie fast gesunken, weil sie Wasser durch Lücken ihres Deckpanzers übernahm. Dennoch wurde sie mit Leichtigkeit mit ihrem Rivalen, der zweifelhaften Improvisation *Virginia,* fertig. Modelle der *Merrimack* im ursprünglichen Zustand wie auch umgebaut als *Virginia* sowie der *Monitor* wurden in der Werkstatt des Marinemuseums von Newport News, Virginia, angefertigt.

Die Entwicklung ungewöhnlicher Konstruktionen und von Versuchsschiffen in den späteren Jahrzehnten des letzten Jahrhunderts läßt sich nur an Hand der Modelle überblicken, die uns von ihnen erhalten geblieben sind. Ein Schiff dieser Art war das Produkt der Überlegungen von Captain Cowper Phipps Coles von der britischen Marine, der als Kommandeur der *Stromboli,* eines Raddampfers im Schwarzen Meer, ein Floß konstruierte, das ein schweres Geschütz mit einem zehn Zentimeter starken Stahlpanzer trug. Er wurde daraufhin sofort nach England zurückgerufen, um die Konstruktion mehrerer ähnlicher schwimmender Panzergeschütze zu überwa-

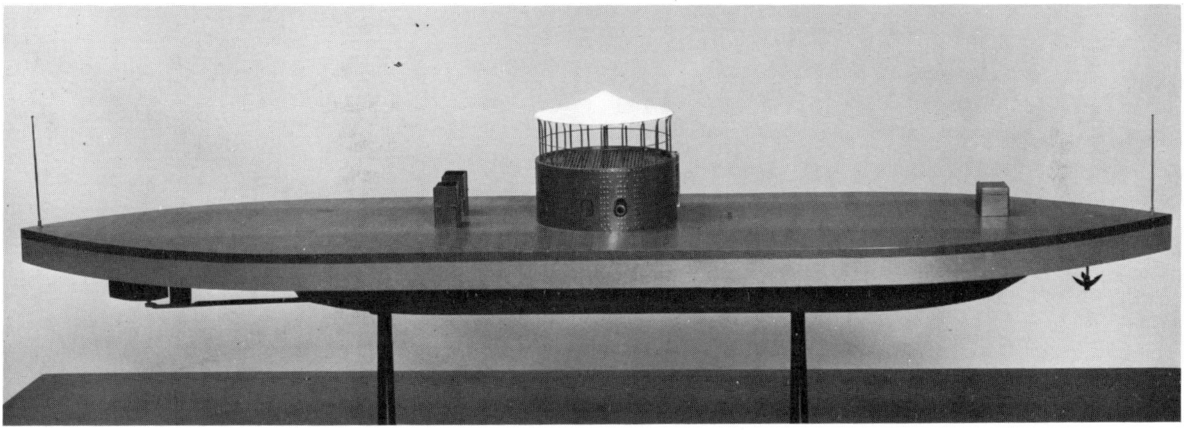

106 Oben – Modell des Panzerschiffes Virginia; *darunter (107) Modellkonstruktion der* Monitor *der Nordstaaten. Beide Schiffe trugen 1862 das erste Feuergefecht zweier Panzerschiffe gegeneinander aus.*

chen. Während dieser Arbeit plante er den Bau eines ganzen Schiffes, mit einem oder mehreren drehbaren und gepanzerten Geschützen an Deck. Ähnliche Ideen entwickelte in Amerika auch John Ericsson. Die beiden Männer haben aber allem Anschein nach völlig unabhängig voneinander konstruiert.

Die britische Admiralität billigte den Bau eines Kampfschiffes mit Geschütztürmen entsprechend der von Coles und der Firma Laird eingereichten Pläne am 23. Juli 1866 trotz scharfer Einsprüche des Flotteninspekteurs, der die Seefähigkeit bezweifelte. Das Schiff wurde aufgebaut und als *Captain* in Dienst gestellt, obwohl die Lords der Admiralität in einem ganz ungewöhnlichen juristischen Verfahren die Verantwortlichkeit dafür Coles und der Firma Laird aufbürdeten. Nach Probefahrten wurde sie Anfang 1870 der Kanalflotte zugeteilt und begleitete sie bei einem Unternehmen nach Gibraltar unter großem öffentlichen Aufsehen. Man bezeichnete sie als „bestes Schiff unter Segel und Dampf, leicht manövrierbar und gut eingerichtet“.

Auf der Rückreise von Gibraltar am 6. September 1870, als die Flotte in Höhe von Kap Finisterre stand, begab sich der Flottenchef, Sir Alexander Milne, zu einer Besichtigung an Bord der *Captain*. Er zeigte sich ziemlich entsetzt darüber, wie tief das Schiff im Wasser lag, so daß schon bei einer milden Brise das Wasser nach Lee über Deck lief und der achtere Turm bis zwei Fuß tief überspült wurde. „Ich kann mich mit diesem Zustand, der allen meinen seemännischen Erfahrungen widerspricht, keinesfalls befreunden", bemerkte er zu Coles, der als privater Beobachter mit an Bord war.

Später am Tag wurde die See rauher. Kurz nach Mitternacht kam ein schwerer Brecher über, wie man ihn üblicherweise gar nicht registriert hätte. Für die *Captain* wurde er verhängnisvoll. Sie holte über, kam offensichtlich wegen zu hoher Schwerpunktlage nicht mehr hoch, kenterte und trieb kieloben, bis sie sank. Nur einige wenige Besatzungsmitglieder konnten gerettet werden. Coles war nicht darunter.
Trotz dieses tragischen Verlustes des ersten „modernen" Kriegsschiffes war es mit der traditionellen Takelage der Flotteneinheiten zu Ende. Im letzten Jahrzehnt vor 1900 wurden von allen Seemächten stark gepanzerte Einheiten mit mächtigen Geschütztürmen nach den Prinzipien von Ericsson und Coles in größeren Stückzahlen aufgelegt. Ein neues Zeitalter der Flotten hatte begonnen. Das besegelte Kriegsschiff gehörte der Vergangenheit an und war Studienobjekt der Modellbauer und Sammler geworden, die ihre Liebhaberei mit Begeisterung und leiser Wehmut betrieben.

108 Oben – Dieses Modell in Greenwich zeigt die Unterdeckkonstruktion der beiden Panzertürme der Captain, *die während ihres ersten Einsatzes wegen ungenügender Seetüchtigkeit unterging.*

109 Mitte – Modell des Kreuzers Terrible *von 1895, der bereits „modern" anmutet und die rasche Wandlung der Konstruktionsform gegen Ende des letzten Jahrhunderts zeigt.*

110 Links – Der Prototyp dieses Modells, der Zweischraubendampfer Campania, *war bei seinem Stapellauf 1892 das damals größte Seeschiff überhaupt.*

LIVERPOOL

6 Schiffsmodellbau in unserem Jahrhundert

Zahlreiche einschneidende technische Änderungen kennzeichnen den Schiffsbau im 20. Jahrhundert. Für die professionellen Modellbauer ergab sich damit die Aufgabe, Miniaturkopien von unzähligen verschiedenen Konstruktionstypen aufzubauen; die Amateurmodellbauer begeistern sich für modernste Lenkwaffen-Zerstörer mit Kernenergieantrieb ebenso wie ihre früheren Gesinnungsfreunde für Gallionen und Fregatten.

In der ersten Hälfte des Jahrhunderts kam es unter den Gesellschaften für den Passagierdienst zu einem heftigen Wettbewerb, bis schließlich die Luftfahrt die Oberhand gewann. Jede Reederei, die etwas auf sich hielt, ließ maßstabgerechte Modelle ihrer wichtigen Einheiten anfertigen; Modellbaufirmen wie etwa Bassett-Lowke in Northampton und Severn Lamb in Stratford-on-Avon waren eifrig am Werk, um der Nachfrage nachzukommen. Von all diesen Modellen, die dem Prestige und Werbezwecken dienten, erwecken wohl die der riesigen Passagierschiffe das meiste Interesse, besonders Modelle der Schiffe, die einmal Inhaber des Blauen Bandes waren, der international anerkannten Auszeichnung für die schnellste Überquerung des Atlantik.

Eines dieser Schiffe war zum Beispiel der Turbinendampfer *Mauretania,* der von der Werft Swan, Hunter und Wigham Richardson in Wallsend-on-Tyne in Nordengland für die Cunard-Reederei auf Kiel gelegt wurde und 1906 von Stapel lief. Er wurde auf der Linie Liverpool–New York eingesetzt und erreichte auf Probefahrten 1907 über 300 Seemeilen eine Durchschnittsgeschwindigkeit von 27,4 Knoten. Er nahm der 1903 von Stapel gelassenen *Kaiser Wilhelm II.* das Blaue Band ab und hielt es bis 1929. In diesem Jahre mußte das Schiff es der 1928 von Stapel gelassenen *Bremen,* ebenfalls einem Turbinendampfer, abtreten. Mehrmals in ihrer Dienstzeit mußte die *Mauretania,* die schließlich 1935 in Rosyth abgewrackt wurde, als Lazarettschiff und als Truppentransporter herhalten.

111 Heck eines Modells des Fahrgastschiffes Mauretania.

S.S. NORMANDIE

QUEEN • ELIZABETH

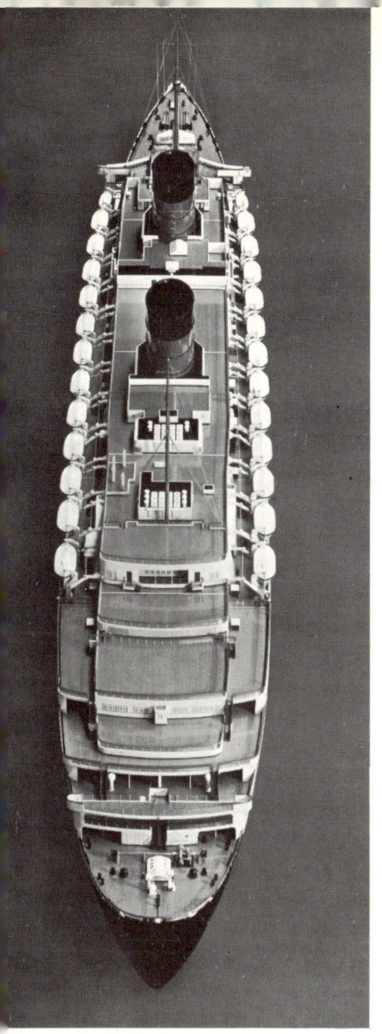

Atlantikriesen als Modelle; links von oben nach unten: 112, Mauretania; *113,* Normandie *(Wasserlinienmodell); 114;* Queen Mary; *115,* Queen Elizabeth; *oben (116) – Deckansicht eines Modells der* Queen Elizabeth.

Mit der 1932 in Dienst gestellten *Normandie* errang Frankreich eine bedeutende Rolle im Transatlantikdienst. Sie war das erste über tausend Fuß (304,8 Meter) lange Schiff, besaß elf Decks und faßte über 2000 Passagiere in komfortablen Unterkünften. Die Maschinen leisteten 109000 Kilowatt (160000 PS) und verliehen ihr die Rekordgeschwindigkeit von 31,3 Knoten (fast 60 Kilometer pro Stunde), über längere Fahrstrecken als Durchschnitt gerechnet.

Die Cunard-Reederei aber blieb im Rennen und ließ die berühmten Giganten der damaligen Zeit, die *Queen Mary* und die *Queen Elizabeth* auflegen. Die beiden Schiffe sollten zusammen erstmals eine wöchentliche Transatlantikverbindung in beiden Richtungen sicherstellen.

Bei den schiffsbautechnischen Vorarbeiten für die *Queen Elizabeth* wurden in einem Versuchsbecken in Clydebank umfangreiche Strömungsversuche für die Formgestaltung des Rumpfes unternommen. In dem Becken konnten alle Wetterbedingungen auf dem Atlantik simuliert werden, einschließlich von Seegang sehr unterschiedlicher Wellenlänge und Wellenhöhe. Mit zahlreichen Rumpfmodellen wurden über 7000 Versuchsreihen durchgespielt, bis schließlich die optimale Rumpfform feststand. Die Modelle legten dabei eine Gesamtstrecke von mehr als 1600 Kilometern zurück.

1930 wurde dann in Clydebank der Kiel der *Queen Mary* gelegt. Aber wegen der schweren wirtschaftlichen Depression mußten die Arbeiten ein Jahr später eingestellt und konnten erst 1934 wieder aufgenommen werden. Im September dieses Jahres lief sie in Anwesenheit von Königin-Mutter Mary von Stapel und machte 1936 ihre Jungfernreise von Southampton über Cherbourg nach New York. Im Zweiten Weltkrieg wurde sie als Truppentransporter eingesetzt; von März 1940 bis September 1946 beförderte sie 810730 Mann und legte dabei über 661000 Seemeilen (rund 1,1 Millionen Kilometer) zurück. Sie lief in dieser Zeit unter anderem Aden an der Südspitze Arabiens, Bombay, Boston, Kapstadt, Freetown, Freemantle, Hobart, Massawa, New York, Rio de Janeiro, Singapur, Suez, Sydney, Trincomalee und Trinidad an. Von Interesse mag sein, daß die *Queen Mary* fast fünfmal so lang wie der erste Cunard-Dampfer *Britannia* aus dem Jahre 1840 war. Auch ihre Tonnage gibt einen Begriff ihrer Größe. Die 81237 Registertonnen waren mehr als die gesamte Tonnage der Cunard-Flotte von 1876 auf dem Atlantik und im Mittelmeer, die aus 36 Schiffen mit zusammen 81126 Registertonnen bestand.

Die *Queen Elizabeth* wurde im Dezember 1936 auf Kiel gelegt und lief am 27. September 1938 von Stapel. Benannt ist sie nach der

Gattin des damaligen englischen Königs Georg VI., die beim Stapellauf zugegen war. Die Königin, Mutter der heutigen Königin Elizabeth II., erklärte damals, dies größte aller Schiffe solle die „Flagge der Freundschaft zwischen England und den Vereinigten Staaten" stets über den Atlantik tragen.
Aber dazu kam das Schiff leider nicht. Im November 1939, zwei Monate nach Beginn des Zweiten Weltkriegs, lag es noch immer am Ausrüstungskai von Clydebank – als lohnendes Ziel für drohende Luftangriffe. Im Februar 1940 wiesen die Lords der Admiralität die Cunard-Linie an, das Schiff so bald wie irgend möglich aus dem Clyde auslaufen zu lassen. Aber wohin? Es gab außerhalb der britischen Inseln gar nicht viele Häfen, die das größte Schiff der Erde aufnehmen konnten. Selbstverständlich sollte es ein neutraler Hafen sein. Am besten geeignet erschien der von New York, in dem bereits das Schwesterschiff *Queen Mary* lag. Das aber bedeutete eine Fahrt über 3000 Seemeilen quer über den Atlantik mitten im Winter mit einem Riesenschiff, mit dem noch keinerlei Probefahrt gelaufen war. Und man konnte diese wegen der U-Boot-Gefahr auch nicht vorher unternehmen.
Theoretisch machte die *Queen Elizabeth* genug Fahrt für jedes eventuell notwendige Fluchtmanöver. Aber sie war noch niemals auf See gewesen; ihre Konstrukteure besaßen keine Beweise für ihre Funktionstüchtigkeit. Außerdem war das Problem ungelöst, wie man das Riesenschiff ohne Aufsehen auslaufen lassen konnte. Nachrichten über alle Schiffsbewegungen waren damals natürlich streng geheim. Aber es war einfach unmöglich, die *Queen Elizabeth* „geheim" aus dem Dock zu verholen und durch die Engen des Clyde zu bugsieren. Deshalb beschloß man Scheinmaßnahmen, die andeuteten, daß das Schiff vom Clyde nach Southampton ins Trockendock gebracht werde. Um dies glaubhaft zu machen, verfrachtete man Ausrüstungen des Schiffes nach Southampton, bereitete dort das Dock zur Aufnahme vor und nahm eine Besatzung von 500 Mann für die Küstenfahrt an Bord. Um die Illusion vollständig zu machen, wurde auch der Lotse von Southampton mit eingeschifft.
Am Montag, dem 26. Februar 1940, wurde dann um 12.30 Uhr die *Queen Elizabeth* mit sechs Schleppern aus dem Dock bugsiert und den Clyde hinuntergebracht. In den geschützten Gewässern der Clyde-Mündung wurden kurze Probefahrten unternommen, um die Steueranlage und die Kompasse zu justieren. Am folgenden Tag übernahm die Cunard-Linie offiziell das Schiff. Erst dann eröffnete man der Mannschaft, wohin die Reise gehen sollte. Bis auf wenige erklärten sich alle bereit, die gefährliche Reise mitzumachen.

117 Oben – Wasserlinienmodell des Cunard-Schiffes Queen Elizabeth 2 *mit Bugsierschlepper.*

Drei Tage später schlüpfte das Schiff aus dem Clyde zu einer Überfahrt, die in den Annalen der Seefahrt einmalig ist. Sie blieb eines der bestgehüteten Kriegsgeheimnisse, bis fünf Tage später die Ankunft in New York bekannt wurde. Königin Elizabeth schickte der Besatzung ein Telegramm:

Nehmen Sie bitte meine herzlichen Glückwünsche für die glückliche Ankunft der *Queen Elizabeth* in New York entgegen. Seit ich in den schicksalhaften Tagen des Jahres 1938 das Schiff taufte, habe ich den weiteren Aufbau und sein Schicksal mit großem Interesse und mit Anteilnahme verfolgt. Übermitteln Sie bitte Kapitän Townley meine Anerkennung für die Führung des Schiffes auf dieser gefährlichen Jungfernreise.

Elisabeth R.

Die Reedereien der Vereinigten Staaten haben bis nach Ende des Zweiten Weltkrieges keine Schiffe aufgelegt, die sich ums Blaue Band bewerben konnten. Im Februar 1950 erfolgte jedoch die Kiellegung der *United States,* die dann im Sommer 1952 auf ihrer Jungfernreise durchschnittlich 34,48 Knoten machte. Eine schiffsbautechnische Neuheit war die Konstruktion der Aufbauten. Erstmals waren sie fast ausschließlich aus Aluminium gefertigt.

Heutzutage bemüht man sich nicht mehr, in möglichst kurzer Zeit Schiffe über den Atlantik zu jagen; mit dem Flugzeug gehts ja ohnehin schneller. Man benutzt sie statt dessen eher als luxuriöse Ferienhotels, die wie etwa das Cunard-Schiff *Queen Elizabeth 2* der Sonne nachfahren und interessante Häfen ansteuern, in die ihre größeren Vorgänger mit ihrem Tiefgang gar nicht einlaufen konnten.

Die *Queen Elizabeth 2* lief 1967 von Stapel und ist unter anderem mit einem Computer für die Datenverarbeitung und die Vorratshaltung an Lebensmitteln und Trinkwasser ausgerüstet, der auch als Prozeßrechner für die Alarmeinrichtungen, die Maschinensteuerung und die Wetterdatenerfassung funktioniert. Sie besitzt ein Theater, einen Friseursalon mit dreizehn Haarkünstlern, eine Ladenstraße, 1300 Bordtelefone sowie eine Redaktion und eine Druckerei für eine Bordausgabe des *Daily Telegraph.*

118 Unten – Modell des Kanonenboots Peder Skram *von 1908 aus der Sammlung des Dänischen Schiffahrtsmuseums.*

Die riesigen Schlachtschiffe aus der ersten Hälfte des 20. Jahrhunderts mit ihren Panzerdecks und schweren Geschütztürmen finden bei den Modellbauern nur noch beschränktes Interesse. Es gibt jedoch einige berühmte Schiffe aus dieser Zeit, die öfter als Modelle nachgebaut worden sind.

Die *Dreadnought* aus dem Jahre 1906 war das erste Großkampfschiff mit Dampfturbinen, die es zum damals schnellsten Schiff der englischen Kriegsflotte machten. Bestückt war sie mit zehn 30-Zentimeter-Geschützen in Zwillingstürmen, 27 Geschützen kleineren Kalibers und einer Reihe von Torpedoausstoßrohren für Unterwasserabschuß. Die Konstruktion des Schiffes war so umwälzend, daß es alle früheren Kampfschifformen mit einem Schlag nutzlos machten. Die Seemächte sahen sich gezwungen, ihre Flotten rasch mit gleichartigen Schiffen auszurüsten. In Museen und Sammlungen findet man Modelle der deutschen Schiffe *Nassau* und *Westfalen,* die im Jahr des Stapellaufs der *Dreadnought* auf Kiel gelegt worden waren, des französischen Großkampfschiffes *Danton* aus dem Jahre 1909 und den US-Schiffen *New York* und *Texas* von 1912. Alle diese Schiffe besaßen einen Feuerradius von mehreren Kilometern. Diese Gefechtsentfernungen waren durch die rasche Entwicklung des Torpedos erforderlich geworden.
Bei Ausbruch des Ersten Weltkrieges lagen mehrere Kampfschiffe noch unfertig auf den Werften der kriegführenden Mächte, darunter das Kampfschiff *Queen Elizabeth,* das dann 1915 von Stapel lief, ihr Schwesterschiff *Barham,* die *Malaya,* die *Valiant* und die *Warspite.* Alle waren mit 30-Zentimeter-Geschützen bestückt, deren Geschosse dickste Panzerplatten durchschlugen. Sie besaßen ölbefeuerte Kessel und Maschinenanlagen für Geschwindigkeiten bis 24 Knoten. Alle überstanden den Krieg und waren auch 1939 noch im Dienst. Modelle dieser Schiffe sind in größeren Marine- und Kriegsmuseen zu sehen.
Die *Hood* war während des größten Teils ihrer 21jährigen Dienstzeit das schwerste und am stärksten gepanzerte Schiff aller Kriegsflotten. Im Ersten

119 Oben – Modell des deutschen Taschenschlachtschiffes (10 000 t) Admiral Scheer.

120 Unten – Das Vorbild dieses Modells, die Barham, *war zwei Jahrzehnte älter als die* Admiral Scheer, *aber bei Kriegsausbruch 1939 noch immer im Flottendienst.*

121 Oben – Modell des deutschen Schlachtschiffes Scharnhorst, *das 1936 von Stapel lief.*

122 Unten – Der Prototyp dieses Modells, das britische Schlachtschiff Vanguard *von 1944, verdrängte 42 500 t.*

Weltkrieg wurde sie auf Kiel gelegt, als die Admiralität erfahren hatte, daß die Deutschen einen Schlachtkreuzer mit 30-Zentimeter-Geschützen im Bau hatten. Fertiggestellt wurde sie aber erst nach dem Waffenstillstand. Im Zweiten Weltkrieg kam sie zum Kampfeinsatz. Am 23. Mai 1940 bekam sie zusammen mit der *Prince of Wales* Gefechtsberührung mit dem deutschen Schlachtschiff *Bismarck,* das damals als das mächtigste Kriegsschiff der Erde galt. Die *Hood* eröffnete das Feuer. Es wurde erwidert. Ein Treffer der *Bismarck* auf dem Vorderschiff der *Hood* führte zu einem Schiffsbrand. Dennoch setzte die *Hood* den Angriff fort. Plötzlich gab es eine gewaltige Explosion, welche die *Hood* buchstäblich in Stücke riß. Die *Bismarck* mußte wegen eines Treffers in der Ruderanlage die Fahrt vermindern und wurde zwei Tage später zerstört. Viele vortreffliche Modelle der *Hood* wurden gebaut. Eines der besten stammt von Norman Ough und gehört heute zur Harmsworth-Sammlung im Museum von Plymouth.

Der Frieden von Versailles legte der deutschen Flotte nach dem Ersten Weltkrieg schwere Beschränkungen auf. Kein deutsches Kampfschiff durfte mehr als 10 000 Tonnen Wasser verdrängen. Die Deutschen bemühten sich, diese Beschränkung durch den Bau von drei sogenannten Taschenschlachtschiffen auszugleichen. Die *Deutschland* war so schnell, daß sie jedem anderen damaligen alliierten Kampfschiff das Heck zeigen konnte. Die beiden anderen Schiffe dieser Klasse waren die *Admiral Scheer* und die *Admiral Graf Spee,* die fertiggestellt wurde, kurz ehe Hitler beschloß, keine Flottenabkommen mehr einzuhalten. Die *Gneisenau,* die *Scharnhorst,* die *Bismarck* und die *Tirpitz* wurden ohne Beschränkungen und ohne Zugeständnisse an die internationale öffentliche Meinung gebaut. Die Modelle

dieser Schiffe haben für alle, welche die Prototypen in Aktion zu Gesicht bekamen, eine seltsame Anziehungskraft, wie sie aus dem persönlichen Erlebnis entsteht.

Noch während des Zweiten Weltkrieges zeigte sich, daß das Schlachtschiff als Hauptkampfmittel ausgespielt hatte und überholt war. Die modernen Waffen, die in dem sechsjährigen Ringen entwickelt worden waren, machten es zu einem verwundbaren und dabei äußerst teuren Ziel, das wenig Chancen hatte, den Schlägen zu widerstehen. Der Flugzeugträger übernahm seine Rolle.

Die ersten Schiffe dieser Gattung waren nur als Transportschiffe für Wasserflugzeuge ausgerüstet, die an Bord geliftet beziehungsweise zum Einsatz zu Wasser gelassen wurden. Der erste echte Flugzeugträger war die *Campania,* einst ein komfortabler Passagierdampfer, den man mit einem flachen Deck zum Start von Flugzeugen ausgerüstet hatte. Für Landungen war die Konstruktion nicht vorgesehen. Nach dem Einsatz sollten die Maschinen auf dem Festland niedergehen.

123 Oben – Modell der Forrestal *aus einem Revell-Plastik-Baukasten. Sie war der erste für Strahlflugzeuge konstruierte Flugzeugträger.*

124 Unten – Ausstellungsmodell des britischen Flugzeugträgers H.M.S. Eagle *mit Bordflugzeugen.*

125 Oben – Modell eines modernen Lenkwaffen-Zerstörers der britischen Flotte, der als Zusatzantrieb Gasturbinen besitzt.

126 Unten – Modell eines modernen amerikanischen Geleitschutz-Zerstörers.

Die *Furious* war ein Kreuzer, der komplett als Flugzeugträger umgebaut wurde und ein Flugdeck besaß, das bei günstigen Bedingungen auch Landungen ermöglichte. Aber die Luftwirbel, die an den Aufbauten entstanden, machten Starts und Landungen zu einem riskanten Unternehmen.
Die heutige Form des Flugzeugträgers zeigte sich im Prinzip erstmals bei der britischen *Hermes,* die 1919 von Stapel lief. Brücke und Schornstein der *Hermes* waren auf eine Schiffsseite gesetzt, um ein klares Flugdeck zu erhalten: die „Insel" des seitlichen Aufbaus, die auch heute noch Flugzeugträger kennzeichnet, war entstanden. Gleiche asymmetrische Gestaltung hatten dann auch die beiden amerikanischen Träger *Lexington* und *Saratoga* aus dem Jahre 1925. Jedes dieser Schiffe besaß 90 Bordflugzeuge und kostete – mit Flugzeugen – rund 45 Millionen Dollar.
Der erste nach dem Zweiten Weltkrieg gebaute Träger war die *Forrestal,* die auf der Werft von Newport News, Virginia, von Stapel lief. Sie und die anderen Schiffe ihrer Klasse, die *Saratoga,* die *Ranger* und die *Independence,* wurden bereits für Bordflugzeuge mit Strahlantrieb geplant. Wäh-

rend des Aufbaus der *Forrestal* erfolgte eine Umkonstruktion. Man baute das Flugdeck in der gewinkelten Form, als „angled deck", wie es in Großbritannien entwickelt worden war und rüstete es mit Dampfkatapulten aus, weil Maschinen mit Strahlantrieb über so kurze Strecken mit eigener Kraft nicht auf Abhebegeschwindigkeiten kämen. Die ebenfalls in Newport News im September 1960 von Stapel gelassene *Enterprise* mit Kernantrieb war das größte Kriegsschiff, das bis dahin je gebaut worden war.
Im 20. Jahrhundert entwickelten sich auch zwei spezielle Fahrzeugtypen, die unter beziehungsweise über der Wasseroberfläche operieren können, das Unterseeboot und – als komplettes Gegenstück – das Luftkissenfahrzeug. Gleichgültig, ob man sie als Schiffe oder Boote klassifizieren will, haben sie Modellbauern ganz neue Anregungen gebracht.
Unterseeboote verschiedener Konstruktionsformen wurden mit unterschiedlichem Erfolg schon seit dem 18. Jahrhundert gebaut. Bereits 1776 versuchte der amerikanische Feldwebel Ezra Lee erfolglos, ein britisches Blockadeschiff zu sprengen, an dem er unter Wasser von einer wasserdicht geschlossenen Kapsel aus Sprengkörper anbringen wollte. Die Form dieses Unterwasserfahrzeugs erklärt selbst, warum es *Turtle* (Schildkröte) hieß. Die ersten Unterseeboote, die das Interesse von Modellbauern fanden, waren die Fahrzeuge der englischen, deutschen und italienischen Flotte in den Jahren kurz vor und während des Ersten Weltkrieges. Modelle solcher U-Boote aus Weißblech mit Uhrwerken wurden in verschiedenen Ländern als Spielzeug hergestellt. In zeitgenössischen Jugendschriften findet man Bauanleitungen für Modell-U-Boote, die „echt tauchen und nach einer gewissen Unterwasserfahrstrecke wieder auftauchen können".
Nach Angaben der Zeitschriften war dafür nichts weiter erforderlich als ein Holzstück, an beiden Enden spitz zugeschnitten, einige Schraubenmuttern als Ballast, ein Nagel als „Periskop", einige Gummiringe als Motor und etwas dünnes Metallblech, um daraus eine Schraube zu schneiden und zu biegen und zwei Tiefenruder anzufertigen. Unbekannt ist, wieviel solch höchst rudimentärer Modell-U-Boote tatsächlich gebaut wurden und wieviele davon ihre kurze Laufzeit im Dreckschlamm von Tümpeln beendeten.
Das amerikanische U-Boot *Nautilus* war das erste Fahrzeug überhaupt, das jemals durch Kernenergie angetrieben wurde. Bereits im August 1949 hatte die amerikanische Flottenleitung den Bedarf für ein U-Boot mit Kernantrieb erklärt und verlangt, daß es 1955 zur Verfügung stehen solle. Die Konstruktion des Kernreaktors beruhte auf einem zunächst an Land erprobten Typ STR (Submarine Thermal Reactor), mit dessen Bau 1950 auf dem Testgelände in Idaho der Amerikanischen Atomenergiekommission begonnen worden war. Das Aggregat wurde in eine U-Boot-Rumpfhaut eingebaut und in einem Wasserbassin versenkt, um realistische Arbeitsbedingungen zu simulieren. Im März 1953 wurde der Reaktor erstmals kritisch. Drei Monate später wurde mit dem Antrieb eine Atlantiküberquerung von 96 Stunden Dauer unter Vollast simuliert.

Die *Nautilus* selbst ging erstmals am 17. Januar 1955 in See und gab, nachdem sie verschwunden war, die berühmt gewordene Meldung ab „Auf Unterwasserfahrt mit Kernenergie“.
Im gleichen Jahr noch lief sie von New London in Connecticut an der amerikanischen Ostküste über 1300 Seemeilen in 84 Stunden bis San Juan auf Puerto Rico unter Wasser mit einer Durchschnittsgeschwindigkeit von knapp 16 Knoten. Im August 1958 unterquerte sie dann das gesamte Polareis des Nordpols auf der Route von Pearl Harbor auf Hawaii nach Portland in England, die direkt über den geographischen Nordpol führte.
Das Unterseeboot mit Kernantrieb (populär meist Atom-U-Boot genannt) ist eine der raffiniertesten Waffen, die jemals entwickelt wurden. Die Vereinigten Staaten besitzen einige Dutzend solcher Einheiten. Zahlreiche U-Boote der Sowjetunion operieren im Mittelmeer und vor den Atlantikküsten Europas. Einige davon besitzen ebenfalls Kernantrieb. Das US-U-Boot *George Washington* aus dem Jahre 1959 war das erste westliche Unterwasserschiff mit ballistischen Geschossen. Ursprünglich trug es 16 Polaris-A1-Raketengeschosse, jedes etwa 10 Meter lang, mit einer Reichweite von 2200 Kilometern und nuklearem Gefechtskopf. Am 20. Juli 1960 wurden von der *George Washington,* die unter Wasser vor Cap Kennedy lag, erstmals zwei Polaris-Geschosse abgefeuert. Ihre erste Unterwasser-Patrouillenfahrt begann am 15. November 1960; sie lief 66 Tage und zehn Stunden unter Wasser ohne aufzutauchen. Aber solche Unterwasser-Rekorde sind heute längst überholt.
Der Bau exakter Modelle modernster Kriegsschiffeinheiten ist keine einfache Sache, denn die Militärbehörden sind verständlicherweise recht zurückhaltend mit Informationen über diese extrem teuren und meist noch in der Erprobung befindlichen Waffensysteme, die – zumindest ihrer amtlichen Meinung nach – zu den bestgehüteten militärischen Geheimnissen gehören.
Als die Firma Revell ein maßstabgetreues Plastikmodell eines Polaris-U-Bootes schaffen wollte, fand die Firmenleitung beim US-Verteidigungsministerium und der Werft keine Unterstützung. Man war geradezu verschnupft über das Ansinnen. Deshalb setzten sich die Ingenieure von Revell zusammen, kratzten sich am Kopf und diskutierten über die Frage: „Wie würden wir eigentlich ein Polaris-Unterseeboot bauen, wenn wir den Auftrag dazu hätten?“
Das Modell, das auf Grund dieser Überlegungen schließlich entstand, erwies sich dann als eine fast völlig exakte Kopie des Vorbildes. Es war so genau bis ins letzte Detail, daß Admiral Hyman Rickover, der Hauptverantwortliche für die Schaffung der Polaris-Flotte, sehr ernsthaft eine undichte Stelle im Sicherheitswesen befürchtet haben soll. Bei Revell fand man hierauf nur eine Antwort: man zuckte mit den Schultern. Das Modell wurde ein Verkaufsschlager.

127 *Oben links – Revell-Plastikmodell des amerikanischen Atom-Unterseebootes* Nautilus.

128 *Oben rechts – Modell des britischen Luftkissenfahrzeugs* SRN 6.

129 *Oben – Modell eines großen Luftkissenfahrzeugs, wie es in der Zukunft einmal gebaut werden könnte.*

Das Luftkissenfahrzeug wurde nach einer recht einfachen, aber vollständig neuartigen Idee des Transports über Wasser (oder besser über jedes flache ebene Gelände) entwickelt. In verschiedenen Ländern führte man Versuche aus, um ein Fahrzeug zu schaffen, das über einer Wasserfläche auf einem künstlich geschaffenen Luftkissen gleitet. Dem Engländer C. S. Cokerell, der seit 1953 mit privaten Mitteln an der Idee gearbeitet hatte, gelang es dann, mit seinem Prototyp vor einer begeisterten Zuschauermenge bei Cowes auf der Insel Wight zu beweisen, daß ein völlig neues und brauchbares Transportmittel geschaffen worden war. Das war im Juni 1959. Cokerells Luftkissenfahrzeug hob bei der Demonstration ohne Schwierigkeit vom flachen Erdboden (es war ein Sandstrand) ab, schwebte einige Dezimeter hoch über der Startfläche, bewegte sich dann gesteuert vor und zurück und setzte wieder auf. Kurze Zeit später wurde das Fahrzeug auf der Wasserfläche in einem nahegelegenen Hafen erprobt. Im Laufe der nächsten Monate zeigte sich dann, das Konstrukteure in den USA und in der Schweiz an gleichartigen Projekten arbeiteten.
Luftkissenfahrzeuge befinden sich heute in verschiedenen Ländern im Einsatz. Es sind im Grund Amphibienfahrzeuge, obwohl ihr Haupteinsatz auf dem Wasser erfolgt. Sie entwickeln hohe Geschwindigkeiten, weil sie nur den Luftwiderstand überwinden müssen, und transportieren die Fahrgäste auch über unruhige Wasserflächen ohne Stampf- und Schlingerbewegungen. Einige Fahrzeuge sind für große Fahrstrecken ohne Zwischentanken eingerichtet. Ihr Haupteinsatz erfolgt aber über kürzere Entfernungen zwischen etwa 35 und 80 Kilometer, über die der Luftverkehr sehr unwirtschaftlich ist. Modelle der neuesten Luftkissenfahrzeuge werden vor allem als Ausstellungsstücke und zu Werbezwecken von oder für die Eignerfirmen hergestellt.
Sicherlich wird eines Tages das Dampfschiff klassischer Art ebenso von den Meeren verschwinden wie einstmals das Segelschiff. Dampfermodelle wer-

130 Das erste Frachtschiff mit Kernantrieb, die N.S. Savannah, *läuft ebenso wie die deutsche* Otto Hahn *in erster Linie, um die praktischen Einsatzmöglichkeiten dieser Antriebsart zu erproben. Dies Modell der* Savannah *steht im Science Museum, London.*

den dann ebenso wie heute Segelschiffsmodelle in erster Linie historische Bedeutung haben. Im Mai 1958 erfolgte bei der New York Shipbuilding Corporation die Kiellegung des ersten Handelsschiffes mit Kernantrieb, und das war sicherlich ein Tag, der einst schiffsgeschichtliche Bedeutung haben wird. Das Schiff, die *Savannah,* lief im folgenden Jahr von Stapel. Benannt ist sie nach dem ersten Raddampfer, der mit Dampf als Hilfsantrieb den Atlantik überquerte. Wir müssen uns allerdings klar darüber sein, daß auch Schiffe mit Kernantrieb im Prinzip Dampfschiffe sind. Die Schrauben werden von Dampfturbinen gedreht; der Dampf stammt aus einem Dampfkessel, der in diesem Falle Wärmeaustauscher heißt. Lediglich die Beheizung dieses Kessels erfolgt mit der Wärme aus einem Kernreaktor anstatt mit einer Kesselfeuerung.

Der Reaktor der *Savannah* des 20. Jahrhunderts wurde von Babcock und Wilcox in New York entwickelt und aufgebaut. Er sitzt mittschiffs in einem druck- und strahlungssicheren Reaktorgefäß aus 30 Zentimeter starkem Stahl. Die Kernbrennstoffüllung besteht aus 682000 Tabletten aus Uranoxid, deren Gehalt an Uran 235 angereichert ist. Für 16000 Fahrstunden bei voller Fahrt sind nur knapp 800 Kilogramm dieses Kernbrennstoffes erforderlich. Bei den Probefahrten im April 1962 erreichte die *Savannah* über 20 Knoten. Ein Modell von ihr im Science Museum von London ist eine Leihgabe der Botschaft der Vereinigten Staaten.

7 Seitenwege des Schiffsbaus

Die meisten in den vorigen Kapiteln beschriebenen und dargestellten Modelle zeigen Schiffskonstruktionen mit einer gewissen historischen Bedeutung. Man kann an ihnen die Entwicklungsstufen der Wasserfahrzeuge vom roh zurechtgehauenen Einbaum bis zu den technisch bis ins letzte Detail durchkonstruierten Maschinenschiffen hoher Leistung erkennen, die heute so rasch und sicher über die Ozeane ziehen.
Aber nicht nur diese Schiffe haben Modellbauer und Modellsammler angeregt. Wir müssen uns nun ein wenig von der Hauptentwicklungsrichtung abwenden und einige Sonderkonstruktionen von Wasserfahrzeugen betrachten – Sportboote, phantastische oder auch nur seltsame Bauten –, die, aus welchem Grund auch immer, gelegentlich in verkleinertem Maßstab erstellt worden sind. Man kann diese Konstruktionen kaum chronologisch ordnen; einige von ihnen existierten nur über kurze Zeiten, andere waren als Typen jahrhundertelang in Gebrauch. Wir teilen sie deshalb entsprechend dem Zweck, dem sie dienten, in drei Gruppen ein: die großartig wirkenden, die bei speziellen Anlässen benutzten und die außergewöhnlichen Zwecken dienenden Wasserfahrzeuge.

Schiffe zur Repräsentation

131 Diese drei Ansichten des Modells der letzten Bucentaur *zeigen die verschwenderischen Dekorationen dieses Schiffes, das ausschließlich zeremoniellen Zwecken und der Prachtentfaltung diente. Nach Abbildungen in ‚Souvenirs de Marine Conservés' (1888–1908).*

Man könnte behaupten, daß kein Modell eines Schiffes schöner sein kann als das Schiff in Originalgröße, das es repräsentiert. Wenn dies richtig ist, so folgt daraus, daß der Modellbauer, der wenigstens einmal in seiner Tätigkeit ein Modell von unvergleichlicher Pracht schaffen möchte, als Vorbild eines der Staatsschiffe wählen wird, mit denen die Mächtigen dieser Erde aus zeremoniellen Gründen ihre Größe zur Schau stellen wollten – wie Kleopatra in ihrem Schiff in der Schilderung Shakespeares:

Die Bark, in der sie saß, ein Feuerthron,
Brannt' auf dem Strom: getriebnes Gold der Spiegel,
Die Purpursegel duftend, daß der Wind
Entzückt nachzog; die Ruder waren Silber,
Die nach der Flöten Ton Takt hielten, daß
Das Wasser, wie sie's trafen, schneller strömte,
Verliebt in ihren Schlag; doch nun sie selbst –
Zum Bettler wird die Schildrung: sie lag da
In ihrem Zelt, das ganz aus Gold gewirkt,
Noch farbenstrahlender als jene Venus,
Wo die Natur der Malerei erliegt.
Zu beiden Seiten ihr holdsel'ge Knaben,
Mit Wangengrübchen wie Cupido lächelnd,
Mit bunten Fächern, deren Wehn durchglühte
– So schien's – die zarten Wangen, die sie kühlten;
Anzündend statt zu löschen.

(Antonius und Kleopatra, 2. Aufzug, 2. Szene;
übersetzt von Ludwig Tieck/Wolf Graf Baudissin)

Dies wirkte, wie Agrippa bei dieser Schilderung erwähnte, auf Mark Anton einfach umwerfend.

Von Kleopatras Staatsschiff existieren keine Spuren mehr. Aber nach authentischen Unterlagen hat A. C. Jackson ein Modell eines ägyptischen Staatsschiffes gebaut und es dem Science Museum in London geschenkt. Details der Grundkonstruktion entsprechen denen eines zehn Meter langen Bootes aus der Zwölften Dynastie im Museum von Kairo. Mast, Segel und die reich dekorierte Kabine sind den Details eines Prozessionsschiffes nachgestaltet, das sich im Grab von Tut-ench-Amun aus der Achtzehnten Dynastie fand. Nur relativ große Schiffe zu zeremoniellen Zwecken besaßen zur damaligen Zeit die beiden großen Steuerruder.

Auch in den letzten fünf oder sechs Jahrhunderten haben die Herrscher Europas und Asiens so viele luxuriöse Schiffe und Boote bauen lassen, daß Modellbauer mit exotischem Geschmack reiche Auswahl haben und sich viele Vorbilder suchen können.

Ein Gemälde aus dem sechzehnten Jahrhundert zeigt zum Beispiel verschwenderisch ausgestaltete indische Prozessionsschiffe auf dem Fluß Jumna. Im achtzehnten Jahrhundert war es nicht ungewöhnlich, auf dem Ganges und anderen indischen Strömen Staatsbarken irgendeines Potentaten verkehren zu sehen. Im Science Museum in London befindet sich das Modell eines Schiffes, das einem Pfau nachgestaltet und auch entsprechend farblich dekoriert war. Es war für den damaligen Gouverneur der Englischen Fakturei von Kalkutta bestimmt. Es wurde durch 30 bis 40 Ruderer angetrieben, die hinter dem reich ornamentierten Pavillon – dem über-

132 Oben – Modell einer extrem schlank gebauten Staatsbark aus Lahore.

133 Mitte – Staatsbark aus Udaypur; Modell im Science Museum, London.

134 Unten – Dieses Modell ist einer Staatsbark aus Kalkutta bis ins letzte Detail nachgestaltet; man beachte das Geländer um die Ducht mit dem Baldachin.

135 Leichenschiff aus dem Schiffsgeleit zur Beisetzung von Admiral Nelson.

dachten Sitzraum für den Herrn des Schiffes – saßen; gesteuert wurde mit einem Ruder steuerbords nahe dem Heck.

In derselben Sammlung befindet sich das Modell einer Staatsbark aus Lahore, die deutlich die Unterschiede zwischen den bedeutenden Schiffen dieses Staates und den Gebrauchsformen auf dem Ganges zeigt. Der Rumpf der Staatsbark zeigt eine außerordentlich elegante Linienführung. Die Kabine war in dem Pseudo-Georgianischen Stil erbaut und ausgestattet, den man so oft in den Palästen von Lahore findet.

Ebenfalls im Londoner Science Museum kann man das Modell einer anderen recht alten Staatsbark besichtigen, die bis vor gar nicht langer Zeit in Udaypur, Rajputana, in Gebrauch war. Die Bauform gleicht zwar äußerlich der vieler Boote auf dem Indus, im Prinzip einem Ponton, war aber reich dekoriert und besaß einen Aufbau mit dem Thron der Maharani von Udaypur und einer Überdachung. Kleine Standflächen waren seitlich für das Gefolge der Maharani angebracht. Die Ruderer saßen ungedeckt, gesteuert wurde mit einem großen Ruder an Heck.

Nach seiner Throneinsetzung wurden für Karl II. von England während seiner fünfundzwanzigjährigen Regierungszeit nicht weniger als siebzehn königliche Jachten gebaut. Von einigen gibt es noch zeitgenössische Modelle. Eines der bemerkenswertesten ist ein Buchsbaum-Modell der Admiralität der Jacht *Navy,* die 1671 von Sir Anthony Deane in Portsmouth erbaut worden war. Das Modell stammt aus der Sammlung von Cuckfield Park. Mit seinen schimmernden Dekorationen und seinen von Lorbeerkränzen umrahmten Geschützöffnungen stellt es eines der Schmuckstücke der Henry Huddleston Rogers-Sammlung in Annapolis dar. Die ursprüngliche Takelage des Modells ist noch weitgehend erhalten.

Ebenfalls in Annapolis steht heute das Modell aus Birnbaum einer englischen Staatsbark, das zu Anfang dieses Jahrhunderts Commander Robinson in ziemlich heruntergekommenem Zustand in Cuckfield Park zu Gesicht bekam. Die Figuren der zweiundzwanzig Ruderer sind maßstabgerecht dargestellt; jede Figur ist 15 Zentimeter hoch.

In den Museen der meisten seefahrenden Nationen Europas sind heute Modelle von Schiffen zu sehen, die für Staatsoberhäupter ausgerüstet und de-

136 Oben – Modell der englischen Königsjacht Navy, *heute im Museum der US-Marineakademie.*

137 Unten – Admiralitätsmodell aus Birnenholz für die Konstruktion eines Riemenkutters für hochgestellte Persönlichkeiten; 2. Hälfte des 17. Jh.

koriert worden waren. Zum Beispiel besitzt das Schwedische Marinemuseum (Statens Sjöhistoriska Museum) in Stockholm ein bemerkenswert schönes Modell des Königlichen Schoners *Amphion.* Dies Schiff war von dem berühmten Schiffsbaumeister Fredrik Henrik af Chapman für König Gustav III. von Schweden erbaut und 1778 in Djurgarden, Stockholm, fertiggestellt worden. Die schwedischen Flottenaktionen im Sund 1788 bis 1790 und die entscheidende Schlacht mit der russischen Flotte wurden von der *Amphion* aus geleitet. Ein Modell der *Dannebrog,* einer reich dekorierten dänischen Königsjacht, kann heute mit Teilen aus einem Schnellbaukasten gefertigt werden.

In der langen Seegeschichte hat mehr als eine Nation ein bestimmtes größeres Seegebiet mit der Bezeichnung Mare nostrum (unser Meer) als Ausdruck ihres Herrschaftsanspruchs belegt. Oft wurde solch ein Anspruch auch von anderen Nationen respektiert, die friedlich das betreffende Gewässer befahren wollten, unter dem Schutz und mit den gesetzlichen Rechten, die der Herrschaftsstaat garantierte. In nördlichen Gewässern waren Zeichen der Anerkennung gewöhnlich Flaggensalute oder Entrichtung von Zöllen. Die alte Republik Venedig jedoch zeigte ihr Recht, als Königin der Adria anerkannt zu werden, symbolisch mit einer Staatszeremonie, die an Deck eines Schiffes stattfand, das ebenso prunkvoll wie Kleopatras Bark gestaltet war, der berühmten *Bucentaur.*

Tatsächlich gab es über die Jahrhunderte eine ganze Serie von *Bucentaurs.* Der Spanier Pero Tafur, der 1438 Venedig besuchte, beschrieb die damalige *Bucentaur* als „ganz mit goldgewirkten Stoffen behängt". Auch die *Bucentaur* von 1520 wird als bemerkenswert beschrieben. Das 1605 erbaute Staatsschiff gleichen Namens inspirierte einen venezianischen Poeten zu begeisterten Versen. Aber auch von englischen Reisenden gibt es bewundernde Beschreibungen. Nüchtern, aber exakt notierte Peter Mundy, der das Schiff 1620 in Venedig besichtigte: „Eine Schiffskonstruktion ähnlich einer Galeere, aber kürzer, breiter und höher gebaut, ausgestattet mit äußerst kunstreichem Schnitzwerk und so vergoldet, daß sie, wenn sie auf dem Wasser liegt, den Anschein erweckt, als bestünde sie tatsächlich aus purem Gold."

John Evelyn sah das Schiff ein Vierteljahrhundert später und beschrieb es als „die prächtig bemalte, mit Schnitzwerk gestaltete und gülden glänzende *Bucentora".* Nach Zeugnis des Venezianers Signor Luchini war die *Bucentaur* von 1727, die er kurz nach ihrem Stapellauf beschrieb, das „letzte Wort in Sachen Staatsbark". Das ist in gewissem Sinne wörtlich zu nehmen, denn diese *Bucentaur* war die letzte ihrer Art.

Aus vielen Chroniken kennen wir die Staatshandlungen bei der jährlichen „Vermählung Venedigs mit dem Meer" am Himmelfahrtstag.

Mit der Flagge des Löwen von Sankt Markus am Mast wurde die *Bucentaur* zunächst an die Pier vor dem Markusplatz verholt, wie es das Gemälde Canalettos zeigt. Der Doge, der Adel, die Botschafter der bei der Republik ak-

Oben – Wasserlinienmodell des Passagierschiffes Scot *von 1891 einer südafrikanischen Reederei, einer der schönsten Schiffskonstruktionen aus der viktorianischen Zeit. Das Modell stammt von Donald McNarry.*

Unten – Modell der Sirius, *die erstmals ständig unter Dampf den Atlantik überquerte.*

Nächste Seiten – Aus Silber gefertigtes Modell des Dampfers Commonwealth, *der 1855 für den Verkehr auf dem Long Island-Sund gebaut worden war. Das Modell ziert eine Musikbox aus Edelholz.*

COMMONWEALTH

kreditierten Staaten und bedeutende Gäste des Staates begaben sich in ihren Staatsroben an Bord. Zweiundvierzig Bedienstete des venezianischen Marinearsenals, vier Mann pro Riemen, ruderten dann die *Bucentaur* inmitten einer Schar von großen und kleinen Booten und Schiffen zur Insel Santa Elena, nahe den heutigen Parkanlagen. Nachdem sie dort angelegt hatte, begaben sich auch der Patriarch und die Geistlichkeit der Kathedrale von San Pietro an Bord. Das Symbol der Herrschaft, der goldene Ring, wurde gesegnet. Dann steuerte die *Bucentaur* durch die Durchfahrt des Lido von Venedig hinaus auf die offene Adria. Dort warf der Doge durch ein Fenster am Heck des Schiffes den Ring mit den Worten ins Meer: „Desponsamus te, mare, in signum veri perpetuique domini (Wir vermählen dich, Meer, im Zeichen des wahren und ewigen Herrn)." Im Kloster von San Nicolo am Nordende des Lido ging man dann zur Messe. Schließlich brachte die *Bucentaur* die ganze „Hochzeitsgesellschaft" wieder zum Markusplatz.

Gelegentlich erhielt sich das Baumaterial eines Schiffes weit über die normale Nutzungsdauer, wenn echter nationaler Stolz auf die Geschichte des Fahrzeugs zur Erhaltung beitrug. Von der letzten *Bucentaur* sind jedoch nur einige Trümmer im Museo Correr in Venedig und ein Stück des Flaggstocks im Museo Storico Navale (Museum für Schiffahrtsgeschichte) übriggeblieben. Das Schiff verschwand unter den gleichen traurigen Umständen wie die ganze Republik Venedig. Bereits durch Verfallserscheinungen geschwächt, ergab sie sich 1797 ohne Gegenwehr dem General Napoleon Bonaparte, der erklärt hatte, er werde ihr „zweiter Attila" – und in dieser Hinsicht hielt er Wort. Die *Bucentaur* war Symbol einer alten Oligarchie, und man konnte nicht erwarten, daß die Ideologen des französischen Direktoriums gerade dafür sentimentale Empfindungen aufbrachten. Deshalb gingen am 9. Januar 1798 die Soldaten Bonapartes mit Hackbeilen auf das Schiff los, das in seinem Dock im Arsenal lag und bald häuften sich die vergoldeten Aufbauten, die Musen und allegorischen Figuren als Trümmer auf dem Boden. Auch andere reichverzierte Schiffe, darunter die Felucke, die 1764 zum Empfang des Herzogs von York in Venedig erbaut worden war, wurden so zerschlagen. Die Trümmer der *Bucentaur* wurden über den Canal Grande auf die Insel San Giorgio transportiert und dort im Garten des Klosters verbrannt. Das dauerte drei Tage lang. Man sammelte nämlich sorgfältig das Gold aus der Asche und brachte es in die Schatzkammer der Armee nach Mailand.

Aber vollständig zerstört wurde die *Bucentaur* nicht. Ihre schmucklose Hulk wurde als Batterieschiff ausgerüstet und blieb als *Hydra* bis 1824 im Flottendienst. Einige Jahre nach ihrer Abwrackung veranlaßte Vizeadmiral Marchese Paulucci delle Roncole den Bau des heute anerkannt besten Modells der *Bucentaur.* Der Name des Modellbauers ist unbekannt, auch im Museum des venezianischen Arsenals ist er nicht mehr ausfindig zu machen. Es heißt lediglich, ein alter Arbeiter des Arsenals habe von 1835 bis

Diese Detailansicht eines Modells der Great Eastern *von 1858 zeigt eine ungewöhnliche Menge von Deckoberlichtern. Wegen der Besegelung, welche diese frühen Dampfer noch führten, konnten nicht die heute üblichen Aufbauten aufgesetzt werden. Das Leben der Passagiere an Bord spielte sich fast ausschließlich unter Deck ab.*

1841 an dem Modell gebaut. Es ist sehr wohl möglich, daß der Mann, der es schuf, das Originalschiff in all seiner Pracht und Schönheit noch gekannt hat.

Es gibt aber auch noch andere Modelle der *Bucentaur.* 1928 fand man im Trinity House in London ein kleines maßstabgetreues Modell, das typische handwerkliche Technik des 18. Jahrhunderts zeigt und deshalb zeitgenössisch sein dürfte. Wie es nach London gekommen ist, weiß man allerdings nicht.

Aber nicht alle Wasserfahrzeuge, die von Königen und anderen hochgestellten Personen benutzt wurden, waren solche Prunkstücke, wie sie bislang in diesem Kapitel beschrieben wurden. Ein kleines Fahrzeug zumindest, das königliche Personen übers Wasser trug, war für seine illustre Ladung überhaupt nicht geschaffen. Es war ein kleiner Wassertreter, wie man sie heute noch zu Dutzenden auf Seen und an Badestränden findet, ein Exemplar aus einer Luxus-Serie, die von 1870 bis 1891 von der Firma Searle and Sons in London gebaut wurde. Dieser „Muskelkraft-Raddampfer" wurde von Königin Victoria zu Erholungsfahrten auf einem künstlichen See bei Schloß Windsor benutzt. Ein Modell dieses Sportboots wurde nach einer zeitgenössischen Zeichnung in der Illustrated London News angefertigt und befindet sich im Science Museum, London. Die klar erkennbaren Figuren auf dem Modell stellen die Queen dar, zehn Jahre nach dem Tod ihres Gatten noch immer in Trauerkleidung, begleitet von ihrer Schwiegertochter, der damaligen Prinzessin Alexandra. Ihr Sohn, der spätere König Eduard VII., sitzt mit einem anderen Herrn hinter den Damen, beide Herrn treten Wasser.

138 Diorama mit gemaltem Hintergrund und einem Modell eines Wassertreters mit Königin Victoria und Gefolge während eines Wasserausflugs bei Schloß Windsor.

Das Fahrzeug war etwa sechs Meter lang und bestand aus zwei parallelen, etwa 60 Zentimeter breiten vollständig gedeckten Rümpfen in Klinker-Bauweise. Die Herrn bewegten mit den Füßen über Tretpedale die Schaufelräder. Zwei Ruder, durch eine Art Spurstange verbunden, dienten über Seilzüge zur Steuerung.
Was hätte hierzu wohl Kleopatra gesagt?

Modelle von Binnenschiffen

Für den Verkehr auf Flüssen und Seen sind noch weitaus vielfältigere Schiffskonstruktionen entstanden als für die Hochsee. Binnenschiffe müssen an außerordentlich verschiedenartige Verhältnisse angepaßt sein, zum Beispiel an flache Gewässer, in denen normale Schiffsschrauben fast unbrauchbar sind; an Gewässer, deren Pflanzenbewuchs Schiffsmanöver nahezu unmöglich macht; an tropische Klimaverhältnisse, die erfordern, daß alle Decks mit Persennings und Sonnensegeln abgedeckt sind und Passagiere wie Mannschaften sich in moskitosicheren Kabinen zur Ruhe legen können; oder aber an kalte Regionen, in denen Schnee und Eis Unannehmlichkeiten und Gefahren bringen. Die fast endlose Liste verschiedenartiger Bedingungen macht Binnenschiffskonstruktionen besonders für Modellbauer und -sammler interessant, die einen Sinn für das Ungewöhnliche und Romantische haben. Wir können hier nur einige Beispiele aufzeigen. Aber diese stammen aus den verschiedensten Teilen der Erde.
Die Ströme des amerikanischen Kontinents sind für große Schiffe geeignet. Die Schiffe auf dem Mississippi – lang und flach, mit mächtigen Aufbauten und reich dekoriert – gehören zu den bekanntesten Binnenschiffen und sind beliebte Objekte der Modellbauer.
Das erste Mississippi-Dampfschiff war die 1811 erbaute *New Orleans,* die sich aber als zu schwach erwies, um gegen die Strömung anzudampfen. Die fünf Jahre später erbaute *George Washington* war erfolgreicher. Sie besaß zwei Decks und zwei hohe Kamine. Ihre Formgebung hat die Konstruktion von Tausenden von Mississippi-Schiffen beeinflußt, die seit damals in Berg- und Talfahrt über den Strom glitten.
Mississippi-Dampfer kann man in zwei Gruppen einteilen, in solche mit einem Schaufelrad am Heck wie die *George Washington* und solche mit je einem Schaufelrad an Back- und Steuerbord wie die elegante *Natchez,* von der viele hübsche Modelle gebaut worden sind. Jahrzehntelang verspotteten die Eigentümer und Kapitäne der rascheren Doppelraddampfer ihre Kollegen auf den langsameren Heckraddampfern.
Auf beiden Arten von Schiffen kam es zu schlimmen Unfällen. In dem Bemühen, die Geschwindigkeit der Schiffe zu steigern, ließen viele Eigner Hochdruck-Kessel einbauen, die damals noch sehr explosionsgefährlich

JAMESTOWN

L.C.C.

139 Oben links – Modell des Flußdampfers Jamestown, *der zwischen Norfolk, Virginia, und Washington D.C. in den USA verkehrte.*

140 Links – Das Modell zeigt einen typischen Themse-Raddampfer aus der Zeit um die Jahrhundertwende im Science Museum, London.

141 Unten – Der Raddampfer King Alfred *wurde 1905 für den Passagierverkehr auf der Themse in Dienst gestellt.*

142 Oben rechts – Modell eines Donau-Raddampfers von 1846.

waren. Der Kampf um den Titel des „Schnellsten Schiffs auf dem Mississippi“ wurde mit harten Bandagen ausgetragen. 1870 ging er von der *Natchez* auf die *Robert E. Lee* über, welche die Strecke von New Orleans nach St. Louis über 1200 Kilometer in drei Tagen 18 Stunden schaffte.

Modelle amerikanischer Binnenschiffe kann man im Nationalmuseum in Washington, im Museum der Marineakademie in Annapolis und anderen bekannten Sammlungen in den Vereinigten Staaten finden. Eine kleine, aber besonders interessante Sammlung der einzelnen Typen besitzt das Marinemuseum von Newport News, darunter von solch bekannten Schiffen wie dem Hudson-Dampfboot *Isaac Newton* in der Version des Umbaus von 1855, der *Mary Powell* aus dem Jahre 1861 und dem Dampfboot der Chesapeake-Linie *Charlotte* von 1889. Das ungewöhnlichste und schönste Modell dieser Gruppe stellt den Raddampfer *Commonwealth* vom Long Island-Sund dar, gefertigt aus Silber und Gold. Es sitzt auf einem Mahagonikasten mit einer Musikbox; wenn sie spielt, drehen sich die Schaufelräder und der Schwingbaum der Maschine bewegt sich.

Um 1820 gab es schon mehr als 40 Dampfer auf dem Clyde in Schottland; 15 Jahre später waren es über 100, 1856 doppelt so viele. Während des amerikanischen Bürgerkrieges wurden einige dieser kleinen Schiffe als Blockadebrecher eingesetzt; ihre hohe Geschwindigkeit war dafür sehr vorteilhaft. Der größte und bekannteste, aber auch vielleicht der schönste Clyde-Raddampfer war die 1878 von J. und G. Thompson für den Liniendienst zwischen Glasgow und Ardrishaig erbaute *Columba.* Ein vorzügliches Modell von ihr steht heute im Museum von Glasgow.

Die Eigner der ersten Themse-Dampfer nutzten ihre Schiffe außer zum Liniendienst auch für Ausflugsfahrten an die Küste, die zu Charles Dickens' Zeiten sehr beliebt waren. Die Londoner Stadtverordneten verfügten in den Jahren 1904 und 1905 über eine Flotte von 30 Raddampfern für den Liniendienst zwischen Hammersmith und Greenwich. Diese hübsch gebauten Schiffe, die je 500 Passagieren Platz boten, nannten die Londoner „Penny-Steamers“ (Pfennig-Dampfer). Im Britischen Seefahrtsmuseum von Greenwich befindet sich das Modell eines Schiffes, der *King Alfred,* die 1905 von den Themse-Stahlwerken in Blackwell erbaut worden war. Das

Modell stammt aus der Sammlung von Sir James Caird und ist aus Silber gefertigt.
Bereits 1830 hatte Graf Stephan Széchenyi auf der Donau Raddampfer eingeführt. In Budapest wurden um die Mitte des neunzehnten Jahrhunderts unter der Leitung von Samuel Pretious einige rasche und elegante Donaudampfer gebaut. Ein zeitgenössisches Modell solch eines Schiffes zeigt die übliche Rumpfform schneller Flußdampfer der damaligen Zeit, ist jedoch von gewissem konstruktivem Interesse, da die Übergangsflächen zwischen den Radkästen und dem Rumpf, die bei Raddampfern für die Binnenschiffahrt vielfach als zusätzliche Oberdeckflächen genutzt wurden, weiter nach vorn bzw. nach achtern ausliefen als bei den damaligen britischen Raddampfern. Die Amerikaner allerdings zogen die Radkästen vielfach völlig in die Oberdecklinie mit ein.
Ein ganz besonders bemerkenswertes Modell eines Flußschiffes stellt eine Fluß-Dschunke mit unsymmetrischem Stern im Maßstab 1 : 12 dar. Dieses Modell wurde von hochqualifizierten chinesischen Schiffszimmerleuten in der Stadt Fowchow am Jangtse, ungefähr 100 Kilometer unterhalb Chungking in Innerchina, hergestellt. Sie arbeiteten unter dem damaligen für die Flußschiffahrt zuständigen Offizier des Chinesischen Ministeriums für die Handelsschiffahrt, G. R. G. Worcester. Die seltsame, über rund 15 Jahrhunderte unverändert beibehaltene Bauweise dieser Flußschiffe hat zu

vielen Diskussionen über ihren technischen Sinn Anlaß gegeben. Da sie aber nur in den abgelegenen Gebieten des Oberen Jangtse anzutreffen sind, konnte nicht viel Quellenmaterial beigeschafft werden.
Die Dschunken wurden in erster Linie zum Salztransport von Tzeliutsing flußabwärts nach Fowchow benutzt. Auf dieser Strecke ist der Jangtse wegen vieler Stromschnellen und Felsen im Flußbett außerordentlich gefährlich und schwierig zu befahren. Dies hat die Konstruktion dieser Dschunken entscheidend beeinflußt.
Der Rumpf dieser Fahrzeuge ist unsymmetrisch, insbesondere die Spiegelkonstruktion. Die Decklinie ist einseitig so stark gekrümmt, daß der Spiegel nicht mehr durch den Lateralplan (die Symmetrieebene des Rumpfes) symmetrisch geteilt wird. In Schiffsmitte sitzt eine Kante des Spiegels. An dieser Stelle ist der Spiegel hochgezogen, die andere Kante des Spiegels ist dagegen niedrig. Dadurch ergibt sich die Möglichkeit, dem Drehpunkt eines langen, sehr wirksamen Steuerruders mit langer Pinne auf das hochgezogene Eck zu legen, auf dem niederen Eck des Spiegels dagegen die Dollen eines zweiten kürzeren Ruders zu befestigen, das als rasch wirksames Hilfsruder eingesetzt werden konnte.

Modelle von Spezialfahrzeugen

Manche Wasserfahrzeuge werden für ganz spezielle Zwecke gebaut, und gerade sie erwecken das Interesse vieler Modellbauer, da die Konstruktionen eine ganz unverwechselbare Individualität zeigen.
Als erstes Spezialschiff kann man die *Arche Noahs* bezeichnen, als Wasserfahrzeug zur Erhaltung des Lebendigen während der Sintflut. Die in der Bibel überlieferten Anweisungen des Herrn zum Bau der Arche sind gewissermaßen die ersten überlieferten Details zum Bau eines Wasserfahrzeugs:

Mache dir einen Kasten von Tannenholz, und mache Kammern drinnen, und verpiche ihn mit Pech inwendig und auswendig.
Und mache ihn also: Drei hundert Ellen sei die Länge, fünfzig Ellen die Weite und dreißig Ellen die Höhe.
Ein Fenster sollst du dran machen, obenan, eine Elle groß. Die Tür sollst du mitten in seine Seite setzen. Und er soll drei Boden haben, einen unten, den anderen in der Mitte, den dritten in der Höhe.

Als die Leitung des Marinemuseums in Newport News beschloß, daß auch ein Modell der Arche Noahs in ihre Sammlung aufgenommen werden müsse, zeigte sich jedoch, daß der zitierte Abschnitt aus dem ersten Buch Mose, die einzige Beschreibung der Arche in der Bibel, in technischer Hinsicht außerordentlich dürftig ist. Als Elle gilt der Abstand der Fingerspitzen

143 Den unsymmetrischen Bau von Dschunken auf dem Jangtse demonstriert dieses Modell.

144 Diorama aus dem Marinemuseum von Newport News, das den Bau der Arche Noahs darstellen soll, wie er sich nach dem Bibeltext und einigen darauf beruhenden Sachüberlegungen zugetragen haben müßte.

vom Ellenbogen, rund 50 Zentimeter. Daraus ergab sich, daß Gott von Noah den Bau eines rund 150 Meter langen, 25 Meter breiten und 15 Meter hohen Fahrzeugs verlangt habe, das damit größer wäre als der Sechsmastschoner *Wyoming* aus dem Jahre 1909, der als das größte jemals aus Holz gebaute Schiff gilt. Es wäre selbst heute mit den Hilfsmitteln unseres fortgeschrittenen 20. Jahrhunderts eine recht schwierige Aufgabe, ein noch größeres Schiff aus Holz zu erstellen.

Auf allen Bildern, die natürlich der Phantasie entspringen, ist Noahs Arche als Schiff mit einem mehr oder weniger üblichen Schiffsrumpf dargestellt, meist mit einem kastenförmigen Aufbau, um den Angaben der Bibel einigermaßen gerecht zu werden.

Den Leuten im Marinemuseum erschien solch eine Bauweise für die Arche höchst unwahrscheinlich. Wenn sich die Sache so zugetragen hat, wie es die Bibel weiß, mußte Noah tatsächlich mit primitivsten Mitteln und ganz wenigen Gehilfen gebaut haben. Die Konstruktion sollte ja auch nur schwimmen, bis sich die Wasser wieder verzogen, und keine Weltmeere überqueren. Dazu reichte aber die allereinfachste Form eines Wasserfahrzeugs, ein Floß, zusammengefügt aus Baumstämmen in der allereinfachsten Weise, und darauf eine Art Scheuer mit drei Stockwerken als Aufbau. Solch eine Konstruktion käme den Angaben der Bibel am nächsten.

Auf dieser Basis bauten sie ein Holzmodell und setzten es in eine Landschaft mit alten Bäumen und Palmen als Diorama, wie sie dem Gebiet des Euphrat und des Tigris entspricht. Die Lichtung, auf der die Arche gerade gebaut wird, liegt, wie es tatsächlich gewesen sein könnte, auf der Landzunge zwischen dem großen Strom und einem einmündenden kleinen Nebenfluß.

Das Diorama gehört heute zu den Attraktionen des Marinemuseums und zeigt die Arche in einem Bauzustand, der nach etwa 80jähriger Tätigkeit so weniger Leute hätte erreicht sein können. Manche Bibelkundige nehmen an, der Bau der Arche habe nahezu ein Jahrhundert gedauert.

Das Diorama zeigt viele interessante Details. An der angenommenen Baustelle wachsen keine geraden Tannenstämme. Man nahm deshalb an, daß sie sehr viel weiter flußaufwärts geschlagen worden und dann bis zur „Werft“ Noahs geflößt worden seien. Eine Transportrampe erstreckt sich vom erhöhten Ufer ins Wasser, um über sie die Stämme mit Hilfe von Winden, die Schiffsbauer Noah mit seinen Söhnen in Schwerarbeit drehen mußte, hochzuziehen. Hämmer und Äxte liegen herum, die Hauptwerkzeuge, mit denen der Bau errichtet werden mußte. Sogar Miniatur-Pechschmelzgefäße sind zu sehen.

Unter einem Baum, dessen Stamm aus einem Aststück gefertigt wurde, sieht man ein Regendach mit einem kleinen Tisch darunter. Einige Leute sitzen dort und studieren Pläne auf Tierhäuten – Noahs Werftleitung. Die Teile der Arche, die zuerst erbaut worden waren, sind längst wieder mit Moos, Unkraut und Weinranken bewachsen und deuten die langen Jahrzehnte an, in denen man sich auf die Sintflut schiffsbautechnisch vorbereiten mußte.

Aber keines unter den vielen Spezialschiffen, die seit Noahs Arche von Stapel liefen, hat solch humanitäre Bedeutung erlangt wie das Rettungsboot. Es existierte zuerst als Modellentwurf. Dieses kostbare Modell hat sich erhalten.

Die als Hafen benutzte Flußmündung des Tyne in Nordengland war im 18. Jahrhundert noch nicht durch Piers geschützt und bei schwerer See außerordentlich schwierig anzulaufen. Eine Sandbank erstreckte sich von Tynemouth bis zu den Herd-Sanden im Süden. Der Wasserstand bei mittlerem Niedrigwasser betrug nur 1,2 Meter, bei Flut 4,3 Meter. Großes navigatorisches Geschick war erforderlich, um die Schiffe über die Untiefen und Bänke zu bringen. Nach starken Stürmen konnte man gelegentlich bis zu zwölf gestrandete Schiffe gleichzeitig zählen.

Nachdem schon so viele Familienväter aus der Umgebung in diesen Gewässern ihr Leben lassen mußten, kam es nach dem Auflaufen der *Adventure* aus Newcastle und dem Verlust ihrer Mannschaft auf den Herd-Sanden im September 1789 zu erregten Reaktionen der Öffentlichkeit. Ein Komitee wurde gebildet, um etwas gegen die Gefahren der Tyne-Mündung zu unternehmen. Unter anderem schrieb es einen Preis aus für das beste Modell eines Bootes, das geeignet wäre, bei hochgehender See Menschenleben zu retten.

Von den zahlreichen eingehenden Modellen und Entwürfen erwiesen sich zwei einer näheren Begutachtung wert. Das eine von dem Bootsbauer Henry Greathead stellte ein langes flaches Boot dar, mit unterschiedlicher Bug und Heck-Konstruktion, aber ohne zusätzliche Auftriebshilfsmittel wie Luftkästen oder Korkfüllungen.

Das andere Modell wurde von William Wouldhave eingereicht, einem ehemaligen Maler und Anstreicher, der 1751 in Liddle Street, North Shields, geboren war. Er wird als großgewachsener, leidenschaftlich veranlagter und unabhängig denkender, manchmal brüsker und exzentrischer Mann geschildert, der sich in seiner Freizeit mit der Konstruktion verschiedenartiger Geräte beschäftigte, darunter Orgeln, Uhren und Elektrisiermaschinen. Auf Grund der Ausschreibung des Komitees konstruierte er aus Zinn ein Modell, 55 Zentimeter lang und mittschiffs 22 Zentimeter breit, einer äußeren Freibordhöhe von 11 Zentimeter und einer freien Innenhöhe von 7,7 Zentimeter.

Der Vorsitzende des Komitees, ein Mr. Nicholas Fairless, soll das Modell hochgehalten und gefragt haben: „Das soll also ein Modell sein, wie? Und welche Vorteile soll das Ding haben?"

„Welche Vorteile?" schnaubte Wouldhave. „Es sinkt nicht, kentert nicht und wird nicht von der See zerschlagen. Sonst noch was gefällig?"

Dieser Ton gefiel dem Komitee nicht. Der Entwurf wurde abgelehnt. Man bot Wouldhave eine Guinee als Belohnung für seine Arbeit an. Er wies sie

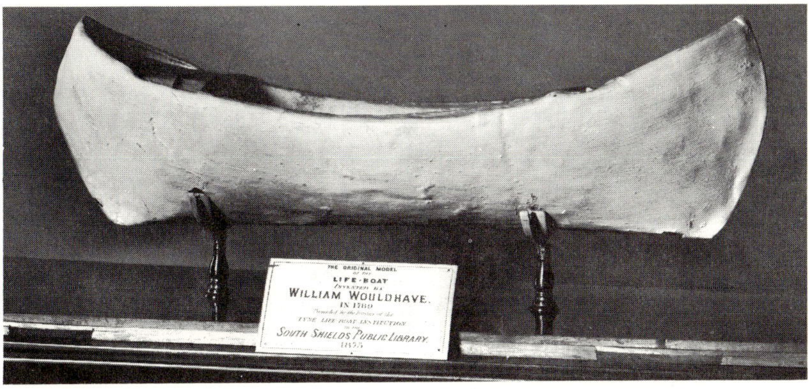

145 Originalmodell des ersten Rettungsbootes, das vom Erfinder William Wouldhave selbst stammt und 1789 als Konstruktionsentwurf angefertigt wurde.

wütend zurück. Der andere Bewerber, Mr. Greathead, erhielt nicht einmal eine Guinee, aber die Zusage, daß er das erste Boot bauen dürfe, sobald man eine geeignete Konstruktion gefunden habe.

Diese Konstruktion wurde dann schließlich durch die fragwürdige Manipulation des Vorsitzenden auch gefunden. Einige Monate später bauten er und Bootsbauer Greathead ein Modell aus Lehm – und zwar eines mit all den konstruktiven Details des ursprünglichen Entwurfes von Wouldhave. Auf Vorschlag von Greathead erhielt lediglich der Kiel eine leicht gekurvte Form. Dies Modell wurde nun offiziell wieder dem Komitee vorgelegt und angenommen. Greathead erhielt den Auftrag, danach das erste Boot in Originalgröße gegen ein Honorar von 91 Pfund Sterling zu bauen. Am 30. Januar 1790 wurde es zu Wasser gelassen und auf den originellen Namen *Original* getauft. Es bewährte sich prächtig und blieb bis 1830 im Einsatz. In diesem Jahr wurde mit ihm die Mannschaft der aufgelaufenen Brigg *Glatton* gerettet. Unmittelbar nach der Aktion wurde es von einer See gegen einen Felsen geworfen und zertrümmert. Zwei Ruderer fanden den Tod.

Der eigentliche Erfinder des Bootes, William Wouldhave, erhielt weder Belohnung noch Anerkennung. Er schlug sich als Kirchendiener und Gesangslehrer eines Kinderchors durchs Leben und starb mit siebzig arm und unbeachtet.

Im Science Museum, London, befindet sich das zeitgenössische Modell eines Landungsbootes aus dem 18. Jahrhundert, dessen Duchten (Ruderbänke) herausnehmbar waren, wenn bei Landeoperationen Pferde mitgeführt werden mußten. In dem Modell sitzen 22 Ruderer an den Riemen, ein Offizier kommandiert und eine Abteilung aus 42 Mann in den prächtigen Uniformen der damaligen Zeit bildet die farbenfrohe Landungseinheit.

Mechanische Schwimmbagger wurden erstmals 1561 im Kanal Schelde–Brüssel in den Niederlanden eingesetzt. Sie wurden ebenso wie die Bagger im Hafen von Amsterdam in den späteren Jahren von Pferden angetrieben. Man hielt mit ihnen die Docks und Fahrwasser schlamm- und sandfrei. Ein Modell aus dem Besitz von E. D. Kalis zeigt solch ein Nutzfahrzeug im Detail. Gebaut wurden die Schwimmbagger in Nordholland. Der kraweelbe-

146 Oben – Modell eines mit Pferdekraft betriebenen Schwimmbaggers, etwa um 1780.

147 Unten – Modell der General Diaz, *eines Dampfschwimmbaggers von 1905.*

148 Oben rechts – Wasserlinienmodell des Radschleppers Monarch *von 1833.*

149 Unten rechts – Radschlepper Dromedary *der britischen Marine von 1844 als Modell.*

MONARCH

150 Modell des Feuerschiffs
Five Fathoms Bank.

151 Die Gjøa*, das Expeditionsschiff Roald Amundsens, bei der Reise durch die Nord-West-Passage zeitweise im Polareis festgefroren, war ein kleiner Segler mit rund gebautem Rumpf.*

152 Zeitgenössisches Modell eines flachgehenden Landungsbootes der britischen Streitkräfte zum Absetzen von Truppen und Nachschub an ungeschützten flachen Küsten.

plankte Rumpf war fast rechteckig. In einem Rumpfdurchbruch in Schiffsmitte lief eine Eimerkette. Die vier Antriebspferde waren an einen vierarmigen Göpel mit sieben Meter Laufkreisdurchmesser gespannt. Die Eimer liefen an der Unterseite der Kette nach oben. Jeder Eimer hatte eine Bodenklappe, die sich am oberen Ende der Kette öffnete, worauf sich der Inhalt über eine Schüttrinne am Heck des Fahrzeugs in einen Leichter zum Abtransport ergoß. Die Höhe der Schüttrinne konnte mit einer Handwinde je nach der Höhe des Leichters verstellt werden.

Schlepper haben als reine hochleistungsfähige Nutzfahrzeuge ebenfalls gewisse Reize für Modellbauer. Nachdem bereits die *Charlotte Dundas* die Nutzbarkeit der Schlepper erwiesen hatte, wurden solche Fahrzeuge in vielen Ländern erbaut. Der erste Schlepper auf der Themse wurde wahrscheinlich 1816 in Dienst gestellt. Um 1822 benutzte auch die britische Marine Dampfschlepper, um die großen besegelten Kampfschiffe beim Ein- und Auslaufen zu bugsieren.

Der Schlepper *Monarch* von 1833 war der erste Dampfschlepper der bekannten Schlepp-Reederei William Watkins Ltd. Es ist interessant, ein Modell dieses Schiffes, das sich noch immer im Besitz der Firma befindet, mit einem Modell eines gleichartigen Schiffes aus späterer Zeit, etwa dem Radschlepper *Dromedary* von 1894 zu vergleichen, der von der britischen Admiralität in Portsmouth zum Bugsieren und für andere Zwecke eingesetzt wurde. Beide erscheinen veraltet, wenn man sie mit der *Zwarte Zee* vergleicht, einem Schlepper, der in Holland von K. Smith erbaut wurde und eine ganze Reihe von Rettungsoperationen in der Nordsee und im Kanal ausführte.

Ein Modell der *Zwarte Zee* kann mit den Teilen eines Baukastens der dänischen Firma Billing Boats erstellt werden. Ein Modell des Dieselschleppers *Despatch No. 9* von San Francisco kann auch ein relativ Ungeübter aus einem Baukasten der Model Shipways Co. Inc., Bogota, New Jersey, aufbauen. Dieses kleine Schiff, das im Dienst des U.S. Marinekorps stand, zeigt für ein Schleppfahrzeug ungewöhnlich gut ausgewogene Proportionen.

Auch Feuer- und Lotsenschiffe sind bei Modellbauern beliebte Objekte. Das große Vorbild eines Baukastens von Billing Boats ist das Feuerschiff *Elbe I,* das die schwierige Elbe-Einfahrt bezeichnet. Zwölf Modelle von Feuerschiffen und Lotsenfahrzeugen hat das amerikanische Komitee für Leuchttürme und Befeuerungswesen dem Marinemuseum in Newport News zur Verfügung gestellt.

Modelle von Trawlern und anderen Fischereifahrzeugen findet man in den meisten Küstenländern. Ein schönes Modell des Motor-Trawlers *Hildina* von Hull, England, ergibt ein Baukasten von Model Shipways Co. Inc., Bogota, New Jersey. Die *Hildina* wurde speziell für die schon weitgehend abgefischten Gebiete um die Britischen Inseln konstruiert. Die gleiche Firma bietet einen Kasten für ein Modell des norwegischen Frachtseglers *Gjøa* aus

Oben – Modell einer venetianischen Galeere aus dem 17. Jh. für den Handel im Mittelmeerraum, reich ornamentiert und mit drei Lateinsegeln.

Unten – Diorama eines Ölterminals mit einem Wasserlinienmodell des ersten britischen Öltankers mit 215 000 Registertonnen, der British Explorer, *wie sie gerade von zwei Bugsierschleppern breitseits gegen den Ölkai gelegt wird.*

Nächste Seiten – Zeitgenössisches Modell der letzten Bucentaur *von 1728. Der Doge von Venedig verfügte über die wahrscheinlich prunkvollste Staatsbark aller Zeiten.*

dem Hardangerfjord an, der 1901 von Roald Amundsen aufgekauft, konstruktiv verstärkt, mit Eiche zusätzlich beplankt und mit Vorräten beladen worden war, bis seine Wasserlinie fast bis ans Deck reichte. Drei Winter verbrachte dann Amundsen mit diesem Schiff im Polareis, driftend, bis er 1906 mit ihr in Norne, Alaska, eintraf. 1909 endete die Reise in San Francisco, wo die *Gjøa* an Land gezogen und der Stadt zum Geschenk gemacht wurde.

Gelegentlich mußten Schiffe für bestimmte Zwecke in kürzester Frist konstruiert und aufgebaut werden. Ein Modell, das als Beispiel solch einer Schnellkonstruktion dienen kann, besteht wie sein Original aus vier einzelnen Sektoren. Als 1874 in Indien eine besonders tragische Hungersnot ausbrach, wurden von einem Hilfskomitee sechs Dampfschiffe mit Doppelschrauben in Auftrag gegeben, die Getreide über seichte Flüsse befördern mußten. Das erste dieser Schiffe wurde von J. & G. Rennie in Greenwich innerhalb 45 Arbeitstagen entworfen und gebaut. Alle Fahrzeuge bestanden aus wasserdichten Sektoren, die nach der Ankunft in Indien ohne Spezialgerät auf dem Wasser zusammengefügt werden konnten.

Ein interessantes Gegenstück zu dem bereits erwähnten Landungsboot aus dem 18. Jahrhundert bildet ein Schiff, das keine Pferde, sondern Eisenbahnen transportiert, eine Eisenbahnfähre. Der Raddampfer *Fabius,* von dem wir ein Modell zeigen, wurde 1909 gebaut, um Lokomotiven und Wagen der Lagos-Eisenbahn über den Niger in Westafrika überzusetzen. An Deck besaß die *Fabius* zwei Geleise mit je zwei versenkbaren Prellböcken. Sie wurden, wenn die Eisenbahnfahrzeuge verladen waren, hochgefahren und drückten gegen deren Puffer. Jeder Bock widerstand einer Last von 20 Tonnen. Zusätzlich wurden die Fahrzeuge an Pollern auf Deck angelascht. An Bug und Heck verliefen die Geleise über Hebebrücken, mit denen der Anschluß ans Ufergeleis hergestellt werden konnte und die verschiedene Wasserstandshöhen ausglichen.

Diese Beschreibung von Spezialschiffen könnte noch fast beliebig lange fortgesetzt werden. Man sollte noch Unterseeboote, Tanker, Bojenschiffe und ein ganzes Sortiment von Wasserfahrzeugen für andere spezielle Aufgaben erwähnen. Dennoch zeigt dieses Kapitel, in welcher Vielfalt dem Modellbauer mit einem Sinn für das Ungewöhnliche und Besondere Prototypen verschiedenster Art zur Verfügung stehen.

Oben – Auch dieses meisterhafte Wasserlinienmodell der Stirling Castle *der amerikanischen Union-Castle-Reederei stammt von Donald McNarry.*

Unten – Modell des Versuchsdampfbootes von Robert Fulton, das 1803 in Paris gebaut worden war.

153 Oben – Die Fabius, *der Prototyp dieses Modells, wurde 1909 zum Übersetzen von Eisenbahnfahrzeugen über den Niger in Afrika gebaut.*

154 Oben rechts – Das Modell der Star of Scotland *(1947) zeigt einen typischen Motortrawler, wie er als Fischereifahrzeug auf der Hochsee eingesetzt wird.*

155 Rechts – Ansicht des Achterschiffs mit Brückenaufbau und Schornstein des BP-Tankers British Explorer *aus dem Diorama gegenüber Seite 172.*

156 Unten rechts – Die American Lancer *mit 32 000 Tonnen ist ein modernes Containerschiff und faßt als Ladung insgesamt 1210 Container mit je 7 m Länge.*

A 425
STAR OF SCOTLAND
A.425

BP

AMERICAN LANCER

8 Technik des Schiffsmodellbaus

Werkzeug und Arbeitstechnik der Schiffsbauer haben sich in frühen Epochen jahrhundertelang kaum verändert. Der Bau von Schiffen erforderte scharfen Blick und handwerkliche Fertigkeit und hatte vor der Erfindung von Zimmermannssäge und Hobel ein hohes Maß von Einfühlungsvermögen zur Voraussetzung. Geschickt wie ein Künstler mußte der Schiffsbauer mit der Axt umgehen und Materialkenntnis entwickeln. Jedes Stück Bauholz wurde nach Ablagerung für einen bestimmten konstruktiven Teil speziell ausgewählt, für den es nach Form und Faserverlauf am besten geeignet war; bei seiner Bearbeitung mit der Schneidkante eines primitiven Schneidwerkzeuges mußte man die Materialstruktur genau beachten. Dieser intuitive, aus langer Erfahrung erworbene Blick für das Material ging zu einem großen Teil wieder verloren, als man später raschere Methoden der Materialbearbeitung entwickelte. Aber viele der alten Schiffsmodelle beweisen, daß ihre meist unbekannten Erbauer solche intuitiven Materialkenntnisse noch weitgehend besaßen.

Viele Amateur-Schiffsmodellbauer sind sich heute bewußt, daß ein Modellbau, der höchstes Maß an Genauigkeit, exakte Materialkenntnisse und endlose Geduld zur Teilebearbeitung erfordert, ihre Möglichkeiten übersteigt. Wie die alten modellbauenden Seeleute auf ihren Reisen begnügen sie sich damit, die Rümpfe aus Vollmaterial zu schnitzen oder zu schleifen statt konstruktiv aufzubauen. Aber ehe wir diese einfachen Methoden des Schiffsmodellbaus beschreiben, wollen wir uns mit den Experten unseres Jahrhunderts befassen, deren Geschicklichkeit absolut mit dem der alten Meister auf diesem Gebiet vergleichbar ist.

Das von Henry B. Culver in New York angefertigte Modell der berühmten *Sovereign of the Seas* gilt unbestritten als die anspruchsvollste Modell-Rekonstruktion eines alten Schiffes, die jemals unternommen wurde. Das Modell wurde im Februar 1918 in Auftrag gegeben. Der Erste Weltkrieg er-

157 Bemalung von Wasserlinienmodellen im Maßstab 1 : 665 (50 feet : 1 inch).

158 Nach dieser Darstellung des Spiegels der Sovereign of the Seas *auf dem Portrait von Peter Pett wurden für das Modell dieses Schiffes, das Henry Culver schuf, von Spezialhandwerkern die Spiegeldekorationen gefertigt.*

159 Das kleine Kriegsschiff Dromedaris *brachte 1652 die ersten holländischen Siedler nach Nordamerika. Das Wasserlinienmodell ist im Maßstab 1:188 gefertigt (16 feet : 1 inch).*

schwerte damals alle historischen Nachforschungen ungemein. Ein bekannter Stich von J. Payne zeigt eine verläßliche Ansicht des Schiffes, die als Hauptvorlage dienen konnte. Aber die Stiche im Britischen Museum waren damals nicht zugänglich. Culver arbeitete deshalb nach der Fotografie eines Stiches, die er schließlich vom Science Museum in London erhalten konnte. Weitere wichtige Daten verschaffte ihm der Engländer R. C. Anderson aus einem Manuskript in der Sammlung von Lord Leconsfield. Dieses Dokument aus dem Jahr 1625 enthält eine detaillierte Beschreibung der Takelage eines großen Schiffes der damaligen Zeit mit technischen Einzelheiten, wie zum Beispiel über die meist fragliche Art der Belegung der Leinen. Außerdem beschaffte Anderson eine zeitgenössische Aufzeichnung über die Abmessungen der Spanten der *Sovereign,* so daß man bei der Rumpfform in keiner Hinsicht auf Mutmaßungen angewiesen war.

Besonders bemerkenswert war, wie schon erwähnt, die reiche Dekoration des Schiffes. Angaben hierüber entnahm Culver ebenfalls dem Stich von Payne sowie der Darstellung des Sterns des Schiffes auf dem Hintergrund eines zeitgenössischen Portraits von Peter Pett, das heute im Marinemuseum von Greenwich hängt. Die Sterndekorationen auf dem Modell der *So-*

vereign von 1827, das für die Sammlung von Sir Robert Seppings angefertigt worden war und sich in Greenwich befindet, berücksichtigte Culver nicht, da sie, wie schon geschildert, nicht mit zeitgenössischen Beschreibungen übereinstimmen.

Nach dem Aufbau der Rumpfkonstruktion wurden die äußeren Strukturdetails, wie senkrechte Leisten, Balkenköpfe und Fensterumrahmungen, angebracht. Zusammen mit den bereits angebrachten Scheuerleisten bestimmen sie Größe und Form der einzelnen ornamentalen Flächeneinheiten; Holzschnitzer, die für Culver arbeiteten, fertigten sie aus Buchsbaumholz. Dann wurden die Buchsbaumstückchen so bearbeitet, daß sie jeweils genau an die betreffenden Stellen paßten.

Die Ornamente selbst, Figuren von Göttern, Göttinnen und römischen Kaisern, Tierkreiszeichen und andere Darstellungen wurden in Modellgröße exakt aus Plastelin geformt. Von diesen Miniaturplastiken wurden dann Negativabgüsse aus Gelatine hergestellt, die man mit Modellgips ausgoß, so daß man Gipsvorlagen des Schnitzwerks erhielt. Eine Serie dieser Abgüsse diente den Holzschnitzern als Vorlage; die zweite Serie verwahrte Culver in seinem Studio für den Fall, daß die Gipsvorlagen bei der Arbeit beschädigt wurden oder verlorengingen.

Alle Modellbauer müssen schon bei der Planung eines Modells die Größe festlegen, also entscheiden, in welchem Maßstab das Modell zum Original stehen soll. Selbstverständlich müssen bei einem exakten Modell sämtliche, auch die winzigsten Details, stets im gleichen Größenverhältnis zum Original stehen. Das gilt selbst für die Stärke der Leinen des laufenden und stehenden Guts.

Wenn zum Beispiel ein Schiff 100 Meter lang und 12 Meter breit ist, so muß sein Modell 1:100 genau 100 Zentimeter lang und 12 Zentimeter breit sein. Schon geringe Differenzen von einigen Millimetern würde ein geschultes Auge als Formabweichungen erkennen.

Bei der Wahl des Maßstabes muß der Zweck des Modells berücksichtigt werden. Soll es als Schaustück in einem Museum oder im Eigenheim dienen, so spielt sein Platzbedarf eine Rolle.

Ein international üblicher Maßstab für Schiffsmodelle ist zum Beispiel 1:96. Dies entspricht dem Verhältnis $^1/_8$ Inch zu einem Fuß im angelsächsischen Maßsystem. Der Clipper *Cutty Sark* war zum Beispiel 280 Fuß gleich 85 Meter lang. Ein Modell im Maßstab 1:96 hat dann eine Länge von 88,6 Zentimeter und ist damit noch gut transportabel und aufstellbar. In dem ebenfalls gängigen Maßstab 1:48 ist es 177,2 Zentimeter lang und damit schon ein recht wuchtiges Möbelstück.

Ein Modell im Maßstab 1:96 ist schon deshalb wesentlich praktischer und in hausbackenem Sinn „vernünftiger" als eines, das doppelt so lang, doppelt so breit, doppelt so hoch ist, weil es – da das Gewicht mit der dritten Potenz der geometrischen Länge wächst – rund neunmal so schwer ist. Andererseits aber lassen sich im Maßstab 1:48 praktisch noch alle Details ei-

160 Oben – In dem sehr großen Maßstab 1:25, der allerdings die Nachbildung auch der kleinsten Details gestattet, ist dies Modell der Calmare Nyckel *gebaut, die 1629 in Holland für die Schwedische Schiffahrtskompanie erbaut worden war.*

161 Rechts – Modellnachbau 1:48 des schwedischen Ostindienfahrers Sophia Magdalena *von 1774.*

nes Originalschiffes im Modell maßstabgerecht ohne allzu große Schwierigkeiten wiedergeben. Beim Maßstab 1:96 werden kleinere Details so winzig, daß das Geschick eines Feinmechanikers dazu gehört, sie wirklich noch maßstabgetreu wiederzugeben. Modelle in kleinerem Maßstab lassen sich daher nicht so detailreich gestalten wie solche im großen Maßstab.
Kleine Boote werden oft auch im Maßstab 1:24 als Modelle gefertigt. Gelegentlich findet man auch Modellmaßstäbe 1:32, 1:60 oder 1:72 (der letztere Maßstab ist auch verbindlich für Schaumodelle von Flugzeugen, die in gleichem Größenverhältnis zueinander stehen sollten). Ältere holländische Modelle sind vielfach in den Maßstäben 1:44 oder 1:33 gehalten, entsprechend einer früheren Unterteilung des Längenmaßes Fuß in 11 statt in 12 Inches. Die heute in den Ländern mit metrischem Maßsystem verwendeten Maßstäbe 1 : 50 und 1 : 100 entsprechen praktisch fast genau den Maßstäben 1 : 48 bzw. 1 : 96.
Nach Festlegung des Maßstabes muß über das zu verwendende Hauptbaumaterial entschieden werden. Verleimte Lagen vieler Papierschichten ergeben erstaunlich feste Rümpfe. Das klassische Baumaterial ist Holz. Heute stehen aber auch Kunststoffe, wie etwa glasfaserverstärkte Gießharze, zur

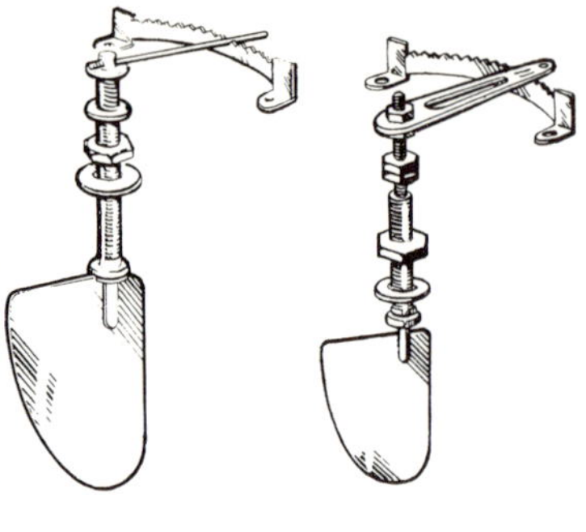

Verfügung. Die Verwendung von Metall als Hauptbaumaterial ist für Modelle hölzerner historischer Schiffe natürlich widersinnig; es würde sie „billig“ erscheinen lassen. Für moderne Stahlkonstruktionen, wie etwa U-Boote, ist es aber angebracht, wenn der Modellbauer Kenntnisse im Metalltreiben und Feinlöten besitzt.

Holz ist verhältnismäßig leicht zu bearbeiten und auch recht widerstandsfähig. Aber es gibt sehr verschiedene Holzarten, die alle ihre Vor- und Nachteile haben.

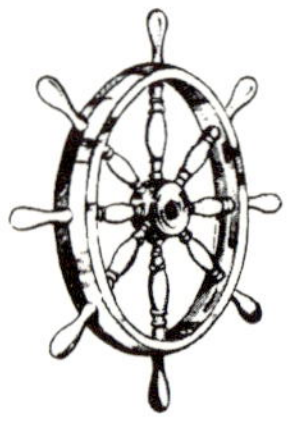

Am leichtesten zu bearbeiten ist Balsaholz. Es läßt sich mit jedem guten Taschenmesser so einfach schneiden wie ein Stück Käse und auch mit modernen Spezialklebstoffen rasch und sicher verkleben. Aber es ist sehr zerbrechlich. Ein mit Balsa beplankter Rumpf muß unbedingt mit einer aufgeklebten Papier- oder mit einer dünnen Stoffschicht überzogen werden, sonst läßt er sich mit dem Finger eindrücken. Vielfach werden Balsarümpfe heute mit glasfaserverstärktem Gießharz beschichtet, besonders für schwimmfähige Modelle.

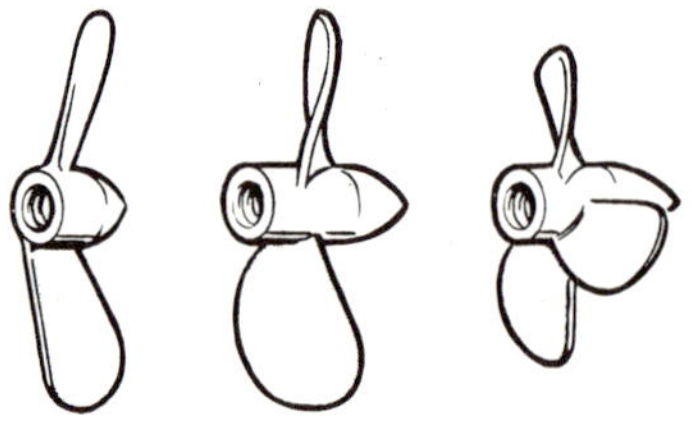

Abachiholz ist etwas härter und beträchtlich widerstandsfähiger als Balsa, aber dennoch nicht schwierig zu bearbeiten. Es ist leichter als Harthölzer. Das ist besonders von Bedeutung für schwimmfähige Modelle. Rümpfe in Vollbauweise aus Abachiholz brauchen nicht so weit ausgehöhlt zu werden, daß nur noch eine relativ dünne Rumpfwandung bleibt – wie es bei schwererem Holz der Fall ist.

Zu den härteren Holzarten für den Schiffsmodellbau gehören besonders Mahagoni, Douglasfichte, Edeltanne, Ahorn und Nußbaum. Über Spanten beplankte Rümpfe werden oft aus Mahagoni gefertigt. Grundsätzlich sollte das Holz immer möglichst astfrei, gerade gemasert und auf alle Fälle gealtert und trocken sein.

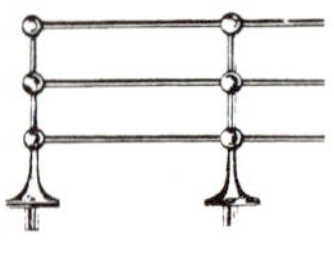

August F. Crabtree, der als Modellbauer für seine außergewöhnliche Sorgfalt bekannt war und dessen Modelle heute im Marinemuseum von Newport News zu sehen sind, brach sich das Holz selbst und alterte es jahrelang. Er wurde in Portland, Oregon, geboren und stammt aus einer alten schottischen Schiffsbauer-Familie vom Clyde. Mit 20 Jahren begann er, seine ganze Modellflotte aufzubauen; bis zum 45. Lebensjahr arbeitete er daran. Seine Modelle gehören zu den Musterexemplaren des Schiffsmodellbaus. Von Zeit zu Zeit reiste er durch die Vereinigten Staaten und veranstaltete in Warenhäusern Schiffsmodell-Ausstellungen. Als Transportfahrzeug diente ihm zeitweise ein altes Milchauto; der Inhalt war für einhunderttausend Dollar versichert.

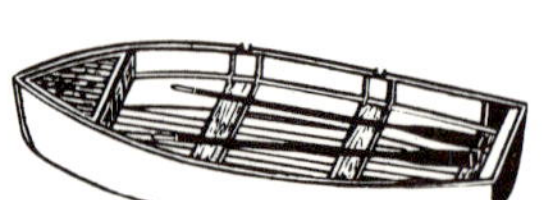

Das selbst eingesammelte oder gefällte Holz sägte er in passende Stücke und lagerte es dann zunächst zwei bis drei Wochen lang im fließenden Wasser, um die Säuren und harzigen Bestandteile auszuwaschen. Dann zerschnitt er das Material weiter und lagerte es, in luftdurchlässige Stapel geschichtet, unter einer Überdachung im Schatten zwei oder drei Jahre lang, bis es völlig trocken war. Daraufhin wurde es einige Monate lang dem vol-

len Sonnenschein ausgesetzt. Diese Behandlung stellte sicher, daß sich das Holz später im Modell nicht warf oder drehte und die Bauform zerstörte. Wahrscheinlich hat der Geigenbaumeister Stradivari das Holz für seine Geigen auf ähnliche Weise gealtert.

Das Formen eines Rumpfes aus einem homogenen Stück Holz kann eine Menge Schweiß kosten. Diese Bautechnik wird in erster Linie für kleine Modelle angewandt. Die Rumpfformung teilt sich in mehrere einander folgende Arbeitsphasen:

Zunächst wird die Seitenansicht des Rumpfes auf eine Seite des Holzblocks gezeichnet und dieser entsprechend den aufgezeichneten Linien besägt. Dadurch entsteht eine Form in Seitenansicht des Rumpfes. Dann wird der Deckumriß auf die flache Seite des Holzes aufgezeichnet und der Block wiederum entsprechend besägt. Dadurch formt sich jetzt auch die Rumpfform entsprechend der Oberdeckseite, ein Rumpf entsteht mit rechtwinkliger Kante zwischen Bordwand und Rumpfboden. Nun muß noch das überschüssige Holz mit Stemmeisen, Schnitzmesser und Raspel, schließlich mit grobem Schleifpapier so abgetragen werden, daß dieser Rumpf einschließlich des Rumpfbodens die exakte Rundung erhält.

Damit die Rumpfform genau der des Originals entspricht, muß beim Formen von Zeit zu Zeit die Form mit Schablonen geprüft werden, die entsprechend dem Rumpfplan und dem Maßstab aus Karton, dünnem Sperrholz oder auch aus Metall geschnitten werden.

Besonders mühevoll wird die Arbeit, wenn es sich als notwendig erweist, einen Rumpf in Blockbauweise auszuhöhlen, um sein Gewicht zu reduzieren. „Das Aushöhlen erwies sich als außerordentlich anstrengend", heißt es in den Aufzeichnungen eines Modellbauers, der 1902 ein Modell des Schraubendampfers *Duke of York* erstellte. „Ich bohrte mit der Brustleier tiefe Löcher in das Holz und stemmte dann mit dem Stemmeisen das Holz zwischen den Löchern aus. Ich brauchte eine Woche dazu, denn ich trug die Bordwand von innen her bis auf eine Stärke von rund acht Millimetern ab. Nur den Rumpfboden ließ ich etwa 2,5 Zentimeter stark, damit man noch einige Schrauben zur Montage der Maschine eindrehen kann." Wenn so stark ausgehöhlt wird, besteht bei ungeübten Modellbauern natürlich die Gefahr, daß sie die Rumpfwand durchstoßen und so beschädigen, daß sie nur sehr schwer wieder zu reparieren ist.

Man kann aber die Schwierigkeiten der Blockbauweise durch die Schichtbauweise umgehen. Der Rumpf wird dabei aus dickeren in Rumpfform mit Innenraum zugesägten Brettern geformt, die zusammengeleimt werden. Die Rumpfaußenwand wird dadurch zunächst stufenförmig. Man muß dann die Stufen abtragen und das Ganze beschleifen, bis eine glatte Außenfläche entsteht, selbstverständlich immer unter Kontrolle nach Schablonen und Bauzeichnungen.

Der Plan eines Rumpfes, aus dem die Rumpfform hervorgeht, ist der Linienriß. Die Risse erscheinen sehr kompliziert. Auf den ersten Blick wirken

162 Industriell hergestellte Ausrüstungs- und Beschlagsteile für Schiffsmodelle in bestimmten Maßstäben.

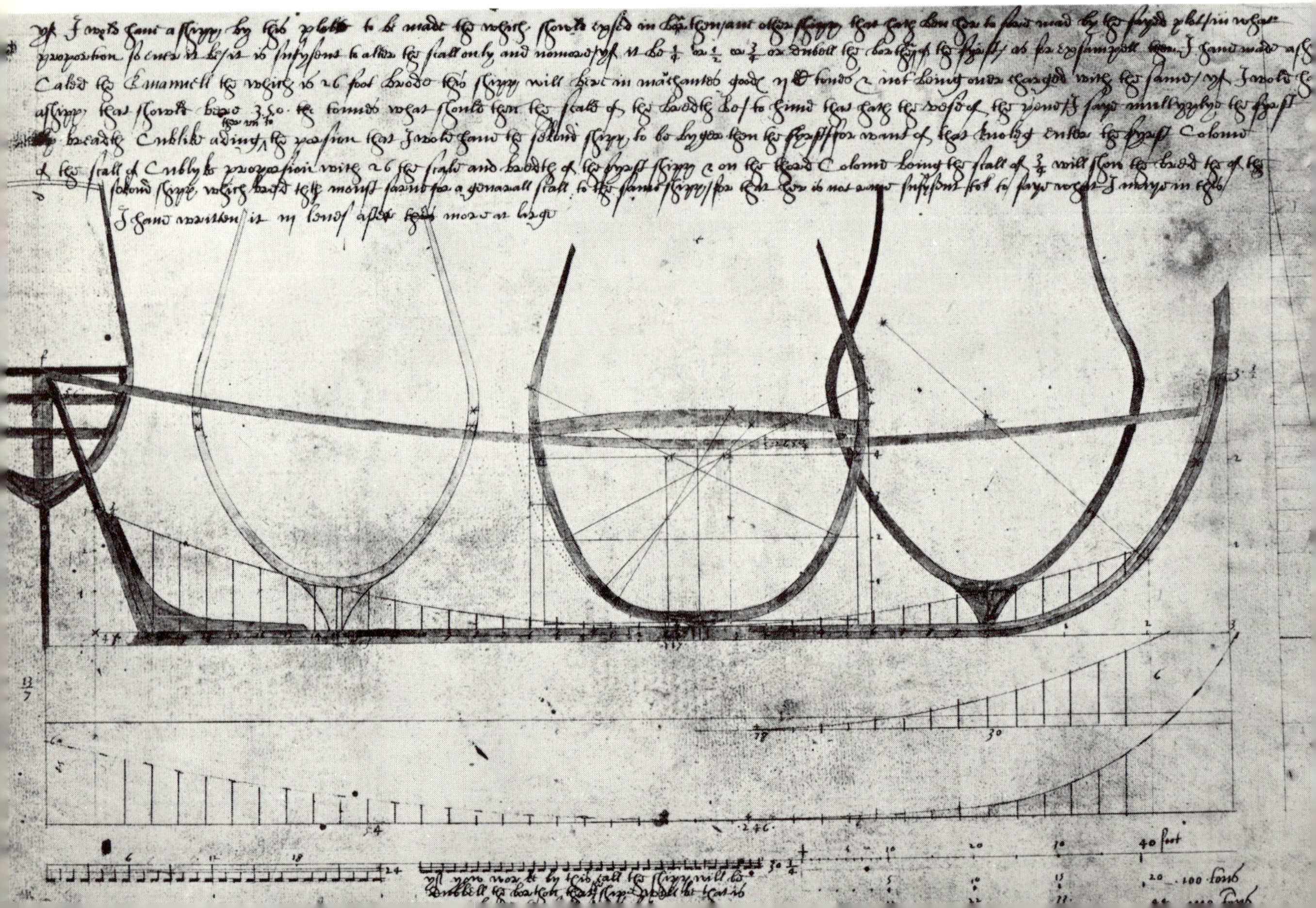

163 Original-Linienriß mit vier Rumpfquerschnitten eines elisabethanischen Schiffes. Sofern solche Pläne noch zur Verfügung stehen, ermöglichen sie den Bau sehr naturgetreuer historischer Schiffsmodelle.

164 Konstruktionsmodell eines Rumpfes, der unmißverständlich die Bautechnik auf den Werften im 17. und Anfang des 18. Jahrhunderts erkennen läßt. Orlogs-Museum, Kopenhagen.

sie recht unanschaulich. Aber selbst der ungeübte Modellbauer kann sie ohne Schwierigkeiten „lesen“, wenn er erst einmal klar erkannt hat, was die einzelnen Linien darstellen.

Der Längsriß stellt das Profil des Rumpfes in Seitenansicht dar. Innerhalb dieses Umrisses sind vertikale und horizontale Linien eingezeichnet. Die letzteren verlaufen parallel zur ebenfalls eingezeichneten Wasserlinie in stets gleichen Abständen, zum Beispiel ein oder zwei Zentimetern. Auf Modellbauplänen für Rümpfe in Schichtbauweise entsprechen die Abstände zwischen den horizontalen Linien der Dicke der einzelnen Bretter, aus denen der Rumpf geschichtet wird. Die vertikalen Linien schneiden senkrecht die Wasserlinie, und die horizontalen Linien dienen wie diese als Bezugslinien. Auch sie stehen in gleichen Abständen und sind durchnumeriert, meist durchlaufend von Bug bis Heck. In Modellbauplänen für Rümpfe in Spantenbauweise bezeichnen sie die Position der Spanten, bei Rümpfen, die mit Hilfe von Schablonen geformt werden, die Nummer der jeweiligen Schablone, die an der betreffenden Stelle an den Rumpf angelegt werden muß. Innerhalb der Profilumrißlinien findet man nun auch eine ganze Reihe von gekurvten Linien. Um zu verstehen, was diese Formlinien bezeichnen, muß man sich vorstellen, der Rumpf sei parallel zur Symmetrieebene in gleich dicke Scheiben zerschnitten. Die gekurvten Linien zeigen die Umrisse dieser einzelnen gedachten Scheiben und ergeben damit die Rumpfrundung.

Der Aufriß zeigt den Umriß des Rumpfes in Deckshöhe, ebenfalls Bezugslinien und eine Schar gekurvter Linien. Sie ergeben sich als Umrißlinien, wenn man den Rumpf parallel zur Wasserfläche in gleich dicke Scheiben schneidet. Mittschiffs laufen diese Linien oft zusammen, entsprechend der Rumpfform, dem Bug und dem Heck zu jedoch vielfach in immer größerem Abstand. Bei der Schichtbauweise werden die Außenkanten der einzelnen Schichtbreiten entsprechend diesen Linien geschnitten.
Der Querriß zeigt das Profil des Rumpfes beim Blick direkt von vorn oder hinten in Höhe der Wasserlinie. Die in diesen Umriß eingezeichneten gekurvten Linien sind die Umrißlinien von Scheiben, die entstehen, wenn man den Rumpf rechtwinklig zur Symmetrieebene senkrecht durchschneiden würde. Diese Linien sind in Längsrichtung in den Abständen zu denken, in denen auf dem Längsriß die vertikalen Bezugslinien stehen. Die Formlinien unterscheiden sich voneinander auf der Back- und der Steuerbordseite des Querrisses. Die Umrißlinien auf der Steuerbordseite (rechts im Plan) zeigen die Querrisse der vorderen Rumpfhälfte, die auf der Backbordseite die Umrisse der Rumpfhälfte hinter der Rumpfmitte.
Durch die Linien auf den Rissen wird also die Position praktisch jeden Punktes der Rumpfoberfläche exakt bezeichnet und damit die Rumpfform unmißverständlich festgelegt.
Die Linienrisse von Rümpfen für Schiffsmodelle sind meist im Maßstab 1:1 gezeichnet, so daß man nach ihnen unmittelbar Formschablonen schneiden bzw. aussägen kann.
Knickspantrümpfe besitzen fast ausschließlich kleinere Boote, wie Dingis und Sportmotorboote, mit flachen Rumpfböden, die bei höheren Geschwindigkeiten ins Gleiten auf der Wasseroberfläche geraten.
Sie sind dadurch gekennzeichnet, daß die Rumpfseitenwand am Rumpfboden mit einem scharfen Knick ansetzt, während bei größeren Rümpfen der Rumpfboden mit einer Rundung in die Rumpfseitenwand übergeht. Knickspantrümpfe sind besonders einfach aufzubauen, sowohl bei bemannten Schiffen wie bei Modellen. Man braucht im wesentlichen nur auf die auf den Kiel aufgesetzten Spanten den Rumpfboden in zwei Hälften und daran wieder die Bordwände anzubringen. Aber nur bei Modellen kleiner Sportmotorboote und Segeldingis wirken Knickspantrümpfe naturgetreu.
Man findet sehr wenig Schiffsmodelle, die eine echte Klinker- oder Kraweelbeplankung besitzen, wenn man von den Modellen hochqualifizierter beruflicher Modellbauer oder aus Baukästen mit fertig vorbereiteten Teilen absieht. Das ist verständlich, denn diese Techniken eignen sich nicht besonders für den Nachbau in Modellgröße. Man kann gleich gute Ergebnisse mit weniger kniffligen Methoden erzielen, als es eine Beplankung aus feinsten, dünnen Holzbrettchen darstellt. Gelegentlich allerdings findet man Modellboote in Klinkerbauweise, die praktisch genauso aufgebaut sind wie die Originalschiffe. Die Planken werden hierzu aus dünnem Sperrholz geschnitten. Sie müssen mit feinsten Stiften an den Spanten angesetzt werden,

und meist erweist es sich als unumgänglich, auch noch Planke mit Planke überlappend zu verleimen, eine außerordentlich mühevolle Arbeit.
Bei besonders kleinen Modellen, etwa bei Tendern und bei Rettungsbooten auf Modellen größerer Schiffe, kann Klinkerbeplankung täuschend echt imitiert werden, indem man entsprechend zurechtgeschnittene feine dünne Kartonstreifen überlappend auf die Außenfläche der in Vollbauweise gefertigten Rümpfe aufklebt.
Bei Modellen mit beplankten Decks werden die Fugen der Decksplanken auf das Deckholz mit scharfem Bleistift und Lineal aufgezeichnet. Dann zieht man die Linien mit einer feinen Tuschfeder nach. Man muß aber auch hierbei den Modellmaßstab beachten. Decksplanken der Originalschiffe sind meist nur etwa sieben bis neun Zentimeter und niemals mehr als 15 Zentimeter breit. Ein Oberdeck eines Modells, dessen Planken in Originalgröße 30 oder gar 40 Zentimeter breit wären, sieht plump und keineswegs naturgetreu aus.
Daß für die Modellkonstruktionen moderner Schiffe sehr selten Metall verwendet wird, liegt daran, daß Metalle als schwer zu verarbeiten gelten. Das stimmt aber nur teilweise. Dünnere Messing-, Zink- und Weißbleche lassen sich recht einfach schneiden, sogar mit der Schere. Und Metallbleche, besonders Kupfer, lassen sich durch Treiben nicht allzu schwierig in beliebigen Rundungen formen. Allerdings benötigt man hierzu einige Übung. Das gilt auch für das Zusammenfügen von Metallteilen durch Löten. Wenn man es aber beherrscht, lassen sich sehr feste, fast fugenlose Verbindungen schaffen, die man, ebenso wie bei Holz, säuberlich beschleifen kann.
Fiberglas, also Kunstharzschichten, durch Glasfasereinlagen verstärkt, wird bei Modellbauern immer beliebter, besonders für schwimmfähige Modelle. Es gibt auch schon bestimmte Rumpfformen aus Fiberglas vorgeformt fertig zu kaufen. Sie sind elastisch, schlagfest, sehr leicht, völlig wasserdicht und chemisch unangreifbar durch Wasser und Öl. Sie verrotten und faulen nicht. Für größere Modelle kann man Fiberglasrümpfe selbst herstellen, indem man sie auf eine positive Rumpfform, die aus Balsaholz gefertigt sein kann und lackiert wurde, aufschichtet. Diese positive Methode ist einfacher als die Formung in einer negativen Form, man muß aber berücksichtigen, daß die Rumpfquerschnitte um die Dicke der Glasfiberschicht dicker werden. Die Außenfläche der Rumpfhaut zeigt die Struktur des Glasfasergewebes. Sie muß deshalb mit Gießharz bespachtelt und anschließend geschliffen werden.
Bei der Negativmethode erhält man eine Rumpfoberfläche, die genauso glatt ist wie die Formoberfläche. Als Form kann man einen Gipsabguß eines bestehenden Modellrumpfes verwenden. In jedem Fall muß die Oberfläche der Form mit einem Trennlack oder mit Glyzerin eingestrichen werden, ehe man das mit Kunstharz getränkte Glasfasergewebe auf- bzw. einlegt. Mit Härter vermischtes Polyester-Kunstharz bleibt etwa 15 bis 20 Minuten zähflüssig, härtet dann aus und ist nicht mehr aufzulösen. Bereits nach etwa ei-

165 Links – Betriebsfähiges Modell eines Luftkissenfahrzeugs aus Kunstharz mit Glasfaserverstärkung. Mit diesem Material läßt sich optimale Festigkeit bei geringem Gewicht und vorzüglicher Oberflächenglätte erreichen.

166 Nächste Seiten – Maßstabgenauer Bauplan mit Rumpf-Linienrissen zum Bau eines vorbildgetreuen kleineren Segelschiffes. Konstruktionsdetails wie etwa die Art der Rahenbefestigung an den Masten sind perspektivisch dargestellt.

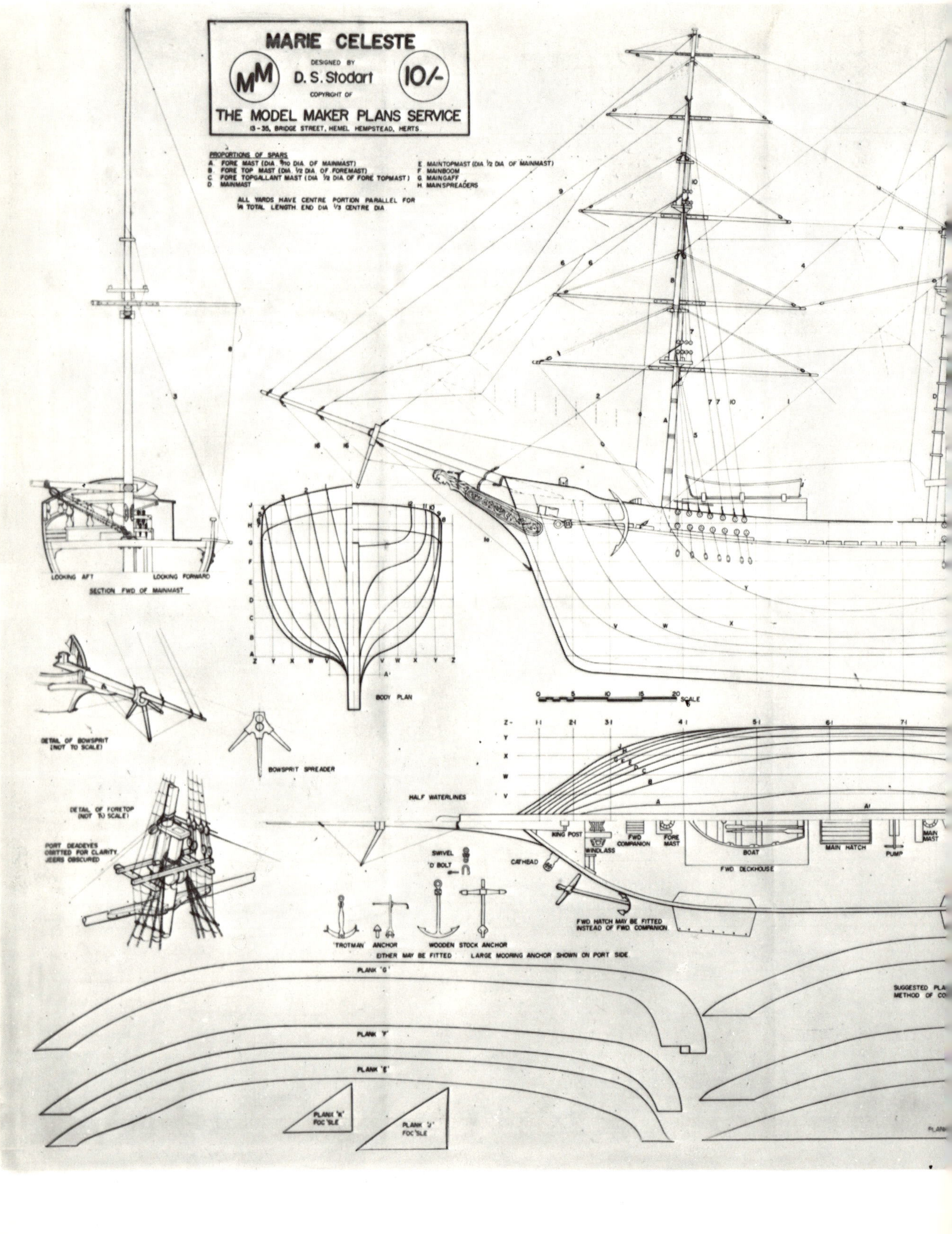
MARIE CELESTE
MM
DESIGNED BY
D. S. Stodart
10/-
COPYRIGHT OF
THE MODEL MAKER PLANS SERVICE
13-35, BRIDGE STREET, HEMEL HEMPSTEAD, HERTS.
PROPORTIONS OF SPARS
A. FORE MAST (DIA. 9/10 DIA. OF MAINMAST)
B. FORE TOP MAST (DIA. 1/2 DIA. OF FOREMAST)
C. FORE TOPGALLANT MAST (DIA. 1/2 DIA. OF FORE TOPMAST)
D. MAINMAST
E. MAINTOPMAST (DIA. 1/2 DIA. OF MAINMAST)
F. MAINBOOM
G. MAINGAFF
H. MAINSPREADERS
ALL YARDS HAVE CENTRE PORTION PARALLEL FOR 1/4 TOTAL LENGTH. END DIA 1/3 CENTRE DIA
LOOKING AFT
LOOKING FORWARD
SECTION FWD OF MAINMAST
BODY PLAN
DETAIL OF BOWSPRIT (NOT TO SCALE)
BOWSPRIT SPREADER
DETAIL OF FORETOP (NOT TO SCALE)
PORT DEADEYES OMITTED FOR CLARITY. JEERS OBSCURED
SCALE
HALF WATERLINES
KING POST
WINDLASS
FWD COMPANION
FORE MAST
BOAT
FWD DECKHOUSE
MAIN HATCH
PUMP
MAIN MAST
CATHEAD
SWIVEL
'D' BOLT
FWD HATCH MAY BE FITTED INSTEAD OF FWD COMPANION.
'TROTMAN' ANCHOR
WOODEN STOCK ANCHOR
EITHER MAY BE FITTED. LARGE MOORING ANCHOR SHOWN ON PORT SIDE
PLANK 'G'
PLANK 'F'
PLANK 'E'
PLANK 'K' FOC'SLE
PLANK 'J' FOC'SLE
SUGGESTED PLA
METHOD OF CO

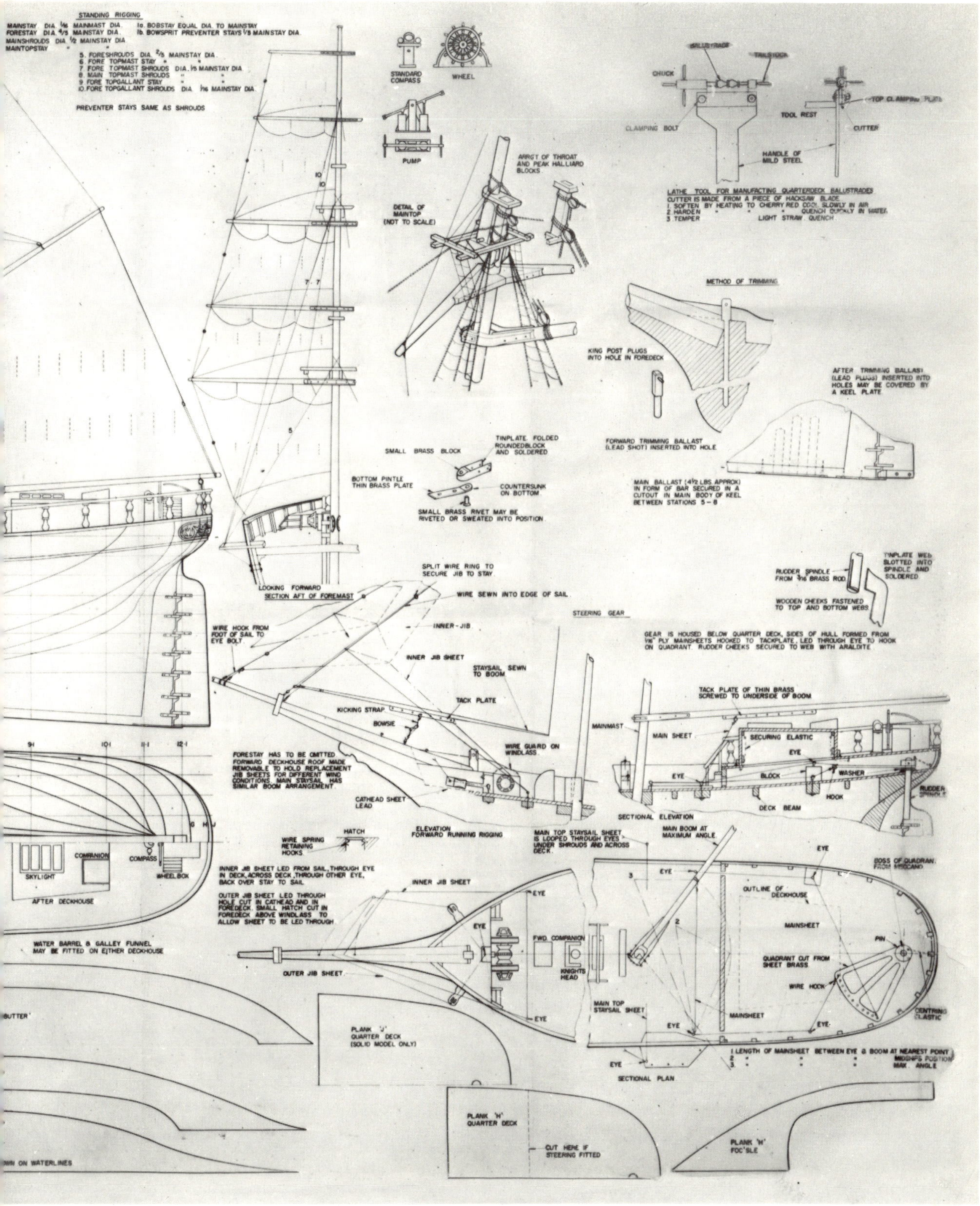
STANDING RIGGING
MAINSTAY DIA. 1/16 MAINMAST DIA.
FORESTAY DIA. 4/5 MAINSTAY DIA.
MAINSHROUDS DIA. 1/2 MAINSTAY DIA.
MAINTOPSTAY
1a. BOBSTAY EQUAL DIA. TO MAINSTAY
1b. BOWSPRIT PREVENTER STAYS 1/3 MAINSTAY DIA.
5. FORESHROUDS DIA. 2/3 MAINSTAY DIA.
6. FORE TOPMAST STAY
7. FORE TOPMAST SHROUDS DIA. 1/3 MAINSTAY DIA.
8. MAIN TOPMAST SHROUDS
9. FORE TOPGALLANT STAY
10. FORE TOPGALLANT SHROUDS DIA. 1/16 MAINSTAY DIA.
PREVENTER STAYS SAME AS SHROUDS
STANDARD COMPASS
WHEEL
PUMP
ARRGT OF THROAT AND PEAK HALLIARD BLOCKS
DETAIL OF MAINTOP (NOT TO SCALE)
BALUSTRADE
TAILSTOCK
CHUCK
TOP CLAMPING PLATE
TOOL REST
CLAMPING BOLT
CUTTER
HANDLE OF MILD STEEL
LATHE TOOL FOR MANUFACTING QUARTERDECK BALUSTRADES
CUTTER IS MADE FROM A PIECE OF HACKSAW BLADE.
1. SOFTEN BY HEATING TO CHERRY RED COOL SLOWLY IN AIR
2. HARDEN " " " QUENCH QUICKLY IN WATER
3. TEMPER LIGHT STRAW. QUENCH
METHOD OF TRIMMING
KING POST PLUGS INTO HOLE IN FOREDECK
AFTER TRIMMING BALLAST (LEAD PLUGS) INSERTED INTO HOLES MAY BE COVERED BY A KEEL PLATE
FORWARD TRIMMING BALLAST (LEAD SHOT) INSERTED INTO HOLE
MAIN BALLAST (4 1/2 LBS APPROX) IN FORM OF BAR SECURED IN A CUTOUT IN MAIN BODY OF KEEL BETWEEN STATIONS 5 – 8
SMALL BRASS BLOCK
TINPLATE FOLDED ROUNDEDBLOCK AND SOLDERED
BOTTOM PINTLE THIN BRASS PLATE
COUNTERSUNK ON BOTTOM
SMALL BRASS RIVET MAY BE RIVETED OR SWEATED INTO POSITION
LOOKING FORWARD
SECTION AFT OF FOREMAST
SPLIT WIRE RING TO SECURE JIB TO STAY
WIRE SEWN INTO EDGE OF SAIL
INNER-JIB
WIRE HOOK FROM FOOT OF SAIL TO EYE BOLT
INNER JIB SHEET
STAYSAIL SEWN TO BOOM
TACK PLATE
KICKING STRAP
BOWSIE
WIRE GUARD ON WINDLASS
FORESTAY HAS TO BE OMITTED FORWARD DECKHOUSE ROOF MADE REMOVABLE TO HOLD REPLACEMENT JIB SHEETS FOR DIFFERENT WIND CONDITIONS. MAIN STAYSAIL HAS SIMILAR BOOM ARRANGEMENT.
CATHEAD SHEET LEAD
ELEVATION FORWARD RUNNING RIGGING
RUDDER SPINDLE FROM 1/16 BRASS ROD
TINPLATE WEB SLOTTED INTO SPINDLE AND SOLDERED
WOODEN CHEEKS FASTENED TO TOP AND BOTTOM WEBS.
STEERING GEAR
GEAR IS HOUSED BELOW QUARTER DECK, SIDES OF HULL FORMED FROM 1/16 PLY. MAINSHEETS HOOKED TO TACKPLATE, LED THROUGH EYE TO HOOK ON QUADRANT. RUDDER CHEEKS SECURED TO WEB WITH ARALDITE.
TACK PLATE OF THIN BRASS SCREWED TO UNDERSIDE OF BOOM
MAINMAST
MAIN SHEET
SECURING ELASTIC
EYE
BLOCK
WASHER
HOOK
DECK BEAM
RUDDER SPINDLE
SECTIONAL ELEVATION
9.1
10.1
11.1
12.1
G
H
J
HATCH
WIRE SPRING RETAINING HOOKS
COMPANION
COMPASS
SKYLIGHT
WHEELBOX
AFTER DECKHOUSE
INNER JIB SHEET LED FROM SAIL, THROUGH EYE IN DECK, ACROSS DECK, THROUGH OTHER EYE, BACK OVER STAY TO SAIL
OUTER JIB SHEET LED THROUGH HOLE CUT IN CATHEAD AND IN FOREDECK. SMALL HATCH CUT IN FOREDECK ABOVE WINDLASS TO ALLOW SHEET TO BE LED THROUGH
WATER BARREL & GALLEY FUNNEL MAY BE FITTED ON EITHER DECKHOUSE
MAIN TOP STAYSAIL SHEET IS LOOPED THROUGH EYES UNDER SHROUDS AND ACROSS DECK.
MAIN BOOM AT MAXIMUM ANGLE
INNER JIB SHEET
EYE
FWD COMPANION
KNIGHTS HEAD
OUTER JIB SHEET
OUTLINE OF DECKHOUSE
MAINSHEET
PIN
BOSS OF QUADRANT FROM MECCANO
QUADRANT CUT FROM SHEET BRASS
WIRE HOOK
CENTRING ELASTIC
MAIN TOP STAYSAIL SHEET
1 LENGTH OF MAINSHEET BETWEEN EYE & BOOM AT NEAREST POINT
2 " " " MIDSHIPS POSITION
3 " " " MAX. ANGLE
SECTIONAL PLAN
PLANK 'J' QUARTER DECK (SOLID MODEL ONLY)
PLANK 'H' QUARTER DECK
CUT HERE IF STEERING FITTED
PLANK 'H' FOC'SLE

167 Links – Decksgestaltung eines Modells, die maßstabgetreue Decksbeplankung vortäuscht.

ner Stunde kann der fertig geformte Rumpf aus der Form genommen bzw. von der Positivform abgenommen werden. Er muß aber in jedem Fall sorgfältig gestrichen werden. Fiberglas ist ein für Schiffsmodellrümpfe recht unnatürlich wirkendes Material, wenn die Oberfläche nicht gestrichen oder gespritzt ist.

Nach der Fertigstellung des Rumpfes erfolgt der Bau des Decks, der Aufbauten, der Masten und der Betakelung. Diese erfordert besondere Sorgfalt, denn ihre naturgetreue Gestaltung beeinflußt weitgehend die Wirkung des gesamten Modells. Der Modellbauer muß sie mit der gleichen Logik entwerfen wie der Konstrukteur des Originalschiffes.

In dem Werk *Treatise on Masting and Rigging* (Grundlagen der Mastkonstruktion und der Betakelung) von Kipping, das zu Beginn des 19. Jahrhunderts erschienen ist, findet sich eine Menge grundsätzlicher Angaben. Kipping schildert, wie sich bestimmte Maßverhältnisse entwickelt haben, die weitgehend für alle Segelschiffe Gültigkeit hatten. So betrug bei einem üblichen Dreimaster die Gesamthöhe des Großmastes etwa das Zweieinhalbfache der größten Rumpfbreite. Der Kreuzmast war vierfünftel so hoch wie der Hauptmast. Auch für die Mastdurchmesser gab es Beziehungen. Für je drei Fuß (90 Zentimeter) Masthöhe rechnete man einen Durchmesser von je ein Inch (2,5 Zentimeter). Der Deckdurchmesser des Kreuzmastes war

168 Rechts – Als Informationsquelle für die Gestaltung der Takelage der Prince *von 1670 diente das zeitgenössische Werk „Grundlagen der Schiffsbauarchitektur“ von Anthony Deane nach dem Manuskript im Magdalene College, Cambridge.*

um ein Drittel geringer als der des Hauptmastes. Auch die mathematischen Beziehungen für die auf die unteren Mastteile aufgesetzten Mastsegmente, die Tops und Royals, erklärt Kipping ebenso wie eine Menge anderer maßtechnischer Details, die für den Modellbauer naturgetreuer Modelle von unschätzbarem Wert sind.

Bei schwimmfähigen Modellsegeljachten zum Regattasegeln, die nicht einem bestimmten Vorbild gleichen sollen, werden heute vielfach Masten aus Duralrohr verwendet.

Bei größeren Modellen wird stehendes und laufendes Gut aus rostfreiem Stahldraht ausgeführt. Für naturgetreue historische Modelle kommt aber für die Leinen der Betakelung nur ziemlich dünner Leinen- oder Seidenzwirn in Frage.

Bei der Lektüre geschichtlicher Beschreibungen der Fahrten der großen Segler ist man immer wieder fasziniert von den Mühen der Mannschaft mit der Besegelung bei schwerem Wetter. Das Einholen eines großen Rahsegels im steifen Wind eines aufziehenden Sturms war eine harte Arbeit. Oft standen die Männer in tiefer Dunkelheit auf den Rahen hoch über dem Deck, während das Schiff hart überholte, und mühten sich in eisiger Kälte und durchnäßt bis auf die Haut, das steife Segeltuch einzuholen, das im Wind schlug und drohte, sie von den Rahen in die kochende See zu werfen. In solchen Augenblicken muß ihnen die Segelleinwand wie ein wildes, ungebärdiges und bösartiges lebendes Wesen erschienen sein.

Bei jedem längeren Aufenthalt im Hafen wurden die Segel eingeholt und verstaut und auch ein Teil des laufenden Gutes niedergeholt. In diesem Betakelungszustand befinden sich viele öffentlich ausgestellte Schiffsmodelle. Manche Leute sind jedoch der Ansicht, das Modell eines Segelschiffes müsse voll betakelt sein und alle Segel gesetzt zeigen. Es handelt sich hier um eine Frage der Auffassung, die sich nicht nach den Kategorien „richtig" und „falsch" beurteilen läßt.

Das richtige vorbildgetreue Besegeln eines Modells ist eine recht schwierige Aufgabe. Sehr oft sehen die Miniatursegel eines Modells unrealistisch aus, schlapp oder aber unnatürlich steif und im Gewebe zu grob. Sie wirken dann kurzerhand nicht funktionsfähig und gefährlich schwer.

Schreib-, Seiden- und Pergamentpapier mögen zwar zunächst als recht günstiges Segelmaterial für Schiffsmodelle erscheinen. Brauchbar und realistisch wirkend sind diese Materialien aber nur bei Regattajachten moderner Bauart in sehr kleinem Maßstab.

Sehr viel besser wirken Stoffe wie leichtes Baumwollgewebe und feinere Leinen der Art, aus denen Taschentücher gemacht werden. Ungebleichtes Kaliko ist brauchbar für die Segel betriebsfähiger Modelljachten. Oft werden Segel auch aus synthetischen Stoffen in Leinenbindung verwendet.

Das Schneidern der Modellsegel erfolgt vorteilhaft nach „Schnittmustern" aus Papier, die man im praktischen Versuch entsprechend der Mastkon-

169 Rechts – Modell mit maßstabgerechten Mannschaftsfiguren auf den Rahen eines Schiffes mit 120 Geschützen.

170 Unten – Aufnahme des Vorschiffs der Prince, *das die hervorragende Detailarbeit beweist, die in den Werkstätten des Science Museums, London, geleistet wurde.*

171 und 172 Nächste Seiten – Zwei Schiffe mit dem Namen „Löwe“: Links ein Modell der Norske Løve *im Seefahrtsmuseum Oslo, ohne Segel; rechts ein voll besegeltes Modell der* Leon *im Marinemuseum Paris.*

struktion und der Takelage zurechtschneidet. Man muß dabei berücksichtigen, daß ein Segel, das sich im Wind bläht, völlig flach gelegt eine Art „zipfelige“ Form hat. Die rechteckigen Rahsegel sind tatsächlich besonders an den beiden unteren Ecken kissenartig verzogen.

Die großen Flächen der Segel reizten seit jeher dazu, sie zu Dekorationen zu benutzen. Im alten Ägypten trugen sie oft ein Muster aus purpurnen, blauen und weißen Streifen. Kleopatra soll, wie Plutarch berichtet, purpurne Segel mit Blumenmustern befohlen haben. Die Segel von Wikingerschiffen zeigten oft ein vertikales Streifenmuster, das möglicherweise durch aufgenähte Lederstreifen oder andere verstärkende Teile entstand. Im Mittelalter trugen die Segel das christliche Kreuz und prächtige heraldische Embleme der Ritter, denen die Schiffe gehörten oder die auf ihnen fochten. In der Mitte des 16. Jahrhunderts findet man Heiligenbilder und andere christliche Darstellungen auf den Segeln. Es ist bedauerlich, daß vielfach Handwerker und Restauratoren Segeldekorationen anbrachten, ohne zuerst Quellenstudium zu betreiben; sie schufen auf diese Weise nicht authentische Darstellungen.

Wenn man mit Ölfarben Dekorationen auf die Segel malt, sollte man sie dabei auf eine dicke Lage Saugpapier legen, die überschüssiges Bindemittel sofort aufnimmt. Nach dem Abtrocknen der Farbe kann man feine senkrechte Linien in regelmäßigen Abständen aufzeichnen; sie sollen die Nähte darstellen, mit denen die einzelnen Streifen der Originalsegel zusammengefügt waren. Sie lassen sich auf der Nähmaschine mit feinem Stich nachnähen und ergeben dann ein sehr echtes Bild der Struktur der alten Segel von den Vorbildern.

Unbekannt ist der Name des Mannes, der erstmals auf die Idee kam, ein relativ großes Schiffsmodell durch den engen Hals einer Flasche zu bugsieren. Möglicherweise wurde dieses Kunststück erstmals im Mannschaftsquartier eines der Windjammer im 19. Jahrhundert ausgeführt, als er tagelang in den Kalmen auf dem offenen Atlantik still lag. Diffizile Beschäftigungen, die viel Geduld erforderten, waren in den überfüllten Logis dieser Schiffe besonders beliebt. Und gerade solch eine trickreiche Arbeit könnte einen unbeschäftigten Seemann gereizt haben. Als das Kunststück gelungen war, weckte dies natürlich auch den Ehrgeiz der Kameraden, so daß sich rasch eine Art Wettbewerb entwickelt haben muß mit dem Ziel, das größtmögliche Modell durch den engstmöglichen Flaschenhals zu bringen.

Leute, die den Trick nicht kennen, wie das Schiff in die Flasche kommt, stellen oft recht seltsame Theorien auf und behaupten manchmal, die Flasche werde um das fertige Modell herum geblasen. Andere wiederum meinen, der Flaschenhals werde abgesprengt und nach dem Aufbau des Modells wieder angeschmolzen. Und absolute Phantasten denken sogar manchmal ernsthaft daran, das Modell könnte überhaupt innerhalb der Flasche aufgebaut worden sein, etwa mit extra langen Pinzetten, mit denen man durch den Flaschenhals fummelte.

173 Die Besegelung dieses Modells einer Mittelmeer-Galeere zeigt ein Muster, wie es durch Zusammennähen der Segel aus verschiedenfarbigen Stoffstreifen entstand.

174 Einnähen von feinen Nähten gab den Segeln dieses Modells eines schottischen Kauffahrteischiffes aus der Zeit der Stuarts das naturgetreue Aussehen.

Im Prinzip ist die Sache sehr viel einfacher, wenn auch der Aufbau der Modelle eine Geduldsarbeit ist. Der Rumpf wird aus Holz gefertigt. Die Masten sind aber nach hinten umlegbar auf dem Rumpf befestigt. Wenn man an einem bestimmten Faden am Klüverbaum zieht, der durch eine feine Öse läuft, falten sie sich gewissermaßen mitsamt der Takelage und den Segeln, die meist aus leicht gerolltem Papier gefertigt sind, hoch.
Das Modell wird mit Masten und Takelage außerhalb der Flasche gebaut, so groß, daß es mit umgelegten Masten gerade noch durch den Flaschenhals geht. Das Aufrichten der Masten muß außerhalb der Flasche mehrmals geprobt werden, damit es im entscheidenden Moment auch sicher klappt.

Dann kommt eine Schicht Kitt in die Flasche, die durch den Flaschenhals hindurch bemalt wird und die See darstellt. Wenn sie hart ist, wird dann das Modell mit umgelegten Masten sehr vorsichtig durch den Flaschenhals geschoben und auf der „See“ festgeklebt. Wenn es sicher sitzt, zieht der Erbauer vorsichtig an dem Faden, der noch aus dem Flaschenhals hängt, so daß sich die Masten aufrichten und die Segel ausbreiten. Ein Tropfen Leim, den man mit einem Draht durch den Flaschenhals an dem Klüverbaum anbringt, genügt, die Zugleine zu fixieren. Das überschüssige Ende des Zugfadens wird dann mit einem Stückchen Rasierklinge an einem Holzstäbchen knapp abgeschnitten oder mit einem auf Rotglut erhitzten Draht abgebrannt. Dann kann man die Flasche verkorken.

175 Flaschenmodell der finnischen Bark Herzogin Cecilie, *die 1936 vor der Küste von South Devon verloren ging, zwei Jahre nach dem Unglück von einem ehemaligen Seemann geschaffen. Im Flaschenhals sieht man das Modell eines kleinen Schleppers.*

9 Die Schiffsmodellbau-industrie

Jahrhundertelang wurden Schiffsmodelle gebaut, um dann verschachert oder verkauft zu werden. Oftmals bastelte ein Seemann auf einer langen Reise monatelang an einem Modell und tauschte es dann innerhalb weniger Stunden, nachdem er den nächsten Hafen erreicht hatte, in Alkohol um. Viele solcher Modelle wurden in Hafenkneipen aufgehängt und gingen dann bald kaputt. In diesem Kapitel befassen wir uns aber mit heutigen Modellen, die in Serienproduktionen aus kommerziellen Gründen und nicht als individuelle Arbeiten hergestellt werden.

Wie bei vielen Entwicklungen auf dem Modell- und Spielzeugmarkt waren auch auf diesem Gebiet die deutschen Hersteller tonangebend – allerdings ein wenig zurückhaltender als bei den Modelleisenbahnen. Am Ende des 19. Jahrhunderts brachten Firmen wie Bing Brothers verschiedene Modelle von Wasserfahrzeugen auf den Markt, meist aus Weißblech gepreßt und mit billigen Uhrwerken zum Antrieb ausgerüstet. Zum Aufziehen mußte man den Schlüssel durch einen der Kamine des „Dampfers“ stecken.

Die Anfang dieses Jahrhunderts gegründete Firma Bassett-Lowke in Northampton belebte dann den internationalen Modellmarkt mit neuen Ideen und wurde in gewissem Sinn tonangebend. Wenman Bassett-Lowke, nach dem die Firma benannt ist, genoß als junger Mann eine Ingenieurausbildung in der Firma seines Vaters. In seiner Freizeit baute er Schiffsmodelle und hatte Schwierigkeiten, verschiedene Teile, die er benötigte, im freien Handel zu erwerben. Hieraus erwuchs sein Entschluß, sich auf diesem Gebiet wirtschaftlich zu betätigen. Er stellte einige Planzeichner und hervorragende Handwerker ein, um mit ihnen Modelle zu schaffen, die sich exakter an bestehende Vorbilder anlehnten als die damaligen Produkte der deutschen Hersteller. Nachdem er auch einen Marineingenieur als Leiter seiner Londoner Verkaufsstelle für sich gewonnen hatte, tendierte die Firma immer mehr in Richtung des Schiffsmodellbaus. In den folgenden

176 Die amerikanische Brigg Agilis *von 1840 war ein typisches Schiff für den Sklavenimport aus Afrika. Das vorbildliche Modell ist aus einem Bausatz der Firma Steingraeber gefertigt.*

177 Links – Transport der Kriegsschiffmodelle von Bassett-Lowke zur Londoner Ausstellung von 1913.

178 Unten – Generalprobe der Modelle von Bassett-Lowke auf der Nene bei Northampton vor der Verfrachtung nach London. Jedes Schiff war mit einem oder zwei Mann besetzt und besaß Elektroantrieb. Die Scheinwerfer funktionierten, die Geschütze konnten abgefeuert werden.

Jahren war dann dieser Marineingenieur, E. W. Hobbs, der Initiator bei der Gründung der Modell Yacht Racing Association und konstruierte viele Modellsegeljachten, die dann hergestellt und in größeren Zahlen von der Firma verkauft wurden. Er entwickelte auch erstmals die Wasserlinienmodelle, von denen in Kapitel 1 die Rede war.

1913 wurden diese Wasserlinienmodelle erstmals auf einer Ausstellung in London gezeigt. Mit den Modellen, die im richtigen Größenmaßstab zueinander standen, wurden die Flotten der verschiedenen Seemächte zusammengestellt, um ihre relative Stärke zu zeigen. In einem anderen Teil dieser Ausstellung präsentierte die Firma aber eine noch viel eindrucksvollere Schau, die größte Demonstration schwimmfähiger Schiffsmodelle, die es, wie sie selbst erklärte, jemals in England gab. Es war eine ganze Flotte von schwimmfähigen Kampfschiffmodellen; das größte über 10 Meter lang. Modelle von Linienschiffen, wie der *Thunderer,* der *Colossus,* der *Neptune,* der *King George* und der *New Zealand* sowie von Kreuzern, Torpedobooten und kleineren Einheiten gehörten dazu. In jedem Modell saß, durch den Aufbau verdeckt, ein Mann, der es steuerte, signalisierte und die Geschütze abfeuerte. Die Ladungen wurden von einer Firma für Feuerwerkskörper geliefert. Ehe die Modelle nach London verfrachtet wurden, fand auf dem Fluß Nene bei Northampton eine Generalprobe der Demonstration statt, zu der die Zuschauer in Scharen herbeiströmten. Auf einem künstlich angelegten See im Londoner Ausstellungsgelände gab es dann Darstellungen von Seeschlachten. Sie bildeten den Hauptanziehungspunkt der Ausstellung. Schiffs- und Bootsmodelle gehörten von diesem Zeitpunkt an während der nächsten zwei Jahrzehnte zu den beliebtesten Spielzeugen in England und in vielen anderen Ländern, nach denen Bassett-Lowke seine Produkte lieferte.

Nach 1930 nahm das Interesse an kommerziell hergestellten Schiffsmodellen wieder ab — man wandte sich zunächst aufregenderen Unterhaltungsspielen zu. Dann aber wurden kurz nach dem Zweiten Weltkrieg die Plastikmodellbaukästen entwickelt. Gerade sie trugen dazu bei, daß das Interesse am Bau von Schiffsmodellen wieder zunahm. Solche Kästen enthalten im Spritzgußverfahren aus Plastik gefertigte und vielfach erstaunlich echt gestaltete Teile, die entsprechend ihrer Numerierung nach einer leicht verständlichen Anleitung zusammengesetzt bzw. zusammengeklebt werden. Einige dieser Kästen sind so durchkonstruiert und so einfach, daß aus ihren Teilen jedes intelligente Kind in wenigen Minuten ohne Hilfe Erwachsener ein Modell zusammenbauen kann. Andere Kästen dagegen, besonders für größere, sehr detaillierte Modelle, enthalten so viele Teile, daß man Stunden konzentriertester Arbeit benötigt, bis das völlig naturgetreue und maßstabgerechte Modell des Schiffes oder Bootes fertig ist.

Besonders erwähnenswert unter den Herstellern dieser Plastikkästen ist die Firma Revell Inc. aus Venice, Kalifornien, USA, die bereits erwähnt wurde. Der Gründer der Gesellschaft, Lew Glaser, kaufte am Ende des Zweiten

Weltkrieges um 700 Dollar eine leerstehende kleine Werkstätte für Plastikteile und begann mit der Herstellung von Plastikornamenten und anderen Kleinigkeiten. 1946 versuchte er sich in der Herstellung von Plastikspielzeug, brachte eine Kinderwaschmaschine auf den Markt, die sehr viel gekauft wurde, und später ein Plastikauto. Als dieses 1950 auf einer Spielzeugmesse erstmals ausgestellt war, konnte sich Glaser kaum mehr retten vor Bestellungen. Selbst mit einer Produktion von 10000 dieser Modellautos täglich war er mit 800000 bestellten Exemplaren in Rückstand. „Warum machen Sie es sich nicht einfacher?", fragte ihn ein Modellbauhändler, „warum produzieren Sie nicht eine Version aus vorgefertigten Teilen zum Selbstzusammensetzen?" Glaser ging zunächst auf diesen Vorschlag nicht ein; er konnte sich nicht vorstellen, daß jemand etwas Unfertiges kaufen könnte – und hatte keinerlei Ahnung, welche Gelegenheit er damit zunächst ausließ.

Zwölf Monate später, als der Absatz des Spielzeugautos erheblich nachließ, erinnerte sich Glaser doch wieder an den Rat des Spielzeughändlers. Nach einigen Marktuntersuchungen setzte er alles auf eine Karte und stürzte sich in die Konstruktion von Plastikkästen. Sie kamen sofort bei den Käufern an: 1951 betrug der Umsatz 300000 Dollar, zwölf Monate später wurden bereits zwei Millionen Dollar umgesetzt. Jetzt gab es kein Zurück mehr; die Zukunft der Firma Revell lag bei den Plastikmodellbaukästen und nicht auf dem Gebiet des Spielzeugs.

Wie zu erwarten, entstand nach diesem Verkaufserfolg sofort auch eine recht beachtliche Konkurrenz. Die Vormachtstellung Revells war aber nicht mehr zu brechen. Glaser sagt hierzu: „Es ereignete sich etwas, was ich nicht erwartet hatte. Viele Konkurrenten erkannten nicht, daß die Gestaltung bis ins letzte Detail genau sein mußte. Statt daß sie Geld für Werkzeug und Formen investierten, überfluteten sie den Markt und erstrebten kurzfristig hohe Gewinne. Die Konkurrenzprodukte hatten weder unsere Detaillierung noch die Naturtreue und die Ausrüstung mit Einzelteilen. Glücklicherweise für uns erhielten sie keine großen Anschlußaufträge, wahrscheinlich, weil die Leute mit den fertiggestellten Modellen unzufrieden waren. Als dann die Konkurrenten begriffen hatten, waren wir nicht mehr einzuholen."

Die konstruktive Vorbereitung bestimmt den Wert eines kommerziell hergestellten Modellbaukastens. Sie ist kostspielig. Bis zu 150000 Dollar müssen angelegt werden, ehe nach den ersten Entwürfen ein verkaufsfertiger Modellbausatz stockungsfrei von den Maschinen läuft. Man muß außerordentlich sorgfältig arbeiten, denn sonst können sich alle Mühen und Ausgaben als Fehlinvestition erweisen. Im allgemeinen sind Modellbausätze für Schiffsmodelle weniger dem Auf und Ab des Publikumsgeschmacks unterworfen als die Bausätze anderer Modelle. Dennoch bevorzugen die Modellbauer ganz offensichtlich einige Arten von Schiffen – offensichtlich diejenigen, die versenkt wurden oder gesunken sind. Modelle der *Titanic*, der

Oben – Ein 4 m langes Modell eines Wikingerschiffes, das für Trickaufnahmen zu dem Film „Longships" (Langschiffe) angefertigt worden war.

Unten – Die Argo *ist ein Schiff, das in der griechischen Mythologie erwähnt wird. Das Modell diente zu Aufnahmen für den Film „Jason und das goldene Vlies".*

Nächste Seiten – Modell der französischen Fregatte La Flore *von 1790 aus einem Modellbaukasten von Steingraeber.*

Bismarck und der *Arizona* gehören zu den Bestsellern, wie ein Modellbauhändler erklärte. Vieler seiner Kollegen werden dies bestätigen.
Nachdem der Beschluß gefaßt ist, von einem bestimmten Schiff einen Modellbaukasten zu schaffen, müssen erfahrene Fachleute in Hunderten von Stunden sorgfältigster Arbeit ein Grundmodell aus Holz, Gips, Plastik und anderen Materialien völlig naturgetreu aufbauen. Vielfach werden hierzu Originalpläne herangezogen; das Modell wird bis zur letzten Niete exakt detailliert. Nach diesem Modell werden dann Formen aus Gips und Epoxydharz hergestellt. Sie werden von automatischen Nachformmaschinen abgetastet, die in kleinerem Maßstab exakte Kopien der Formen aus Stahl fertigen. Jeder dieser Stahlformen muß dann von Handwerkern mit großer Erfahrung mit der Hand nachgearbeitet werden. Das Revell-Modell der *Mayflower II* zeigt zum Beispiel auf dem Deck die Maserung des Holzes; Hunderte von Stunden mußten allein dafür aufgewendet werden, diese Maserung im Modellmaßstab mit der Hand in die Stahlformen zu stechen.
Die eigentliche Herstellung der Modellteile benötigt dann aber die wenigste Zeit. Die Formen werden in Spritzgußmaschinen eingeführt, die flüssiges Plastikmaterial bei Temperaturen bis 500 Grad Celsius und Drücken von 50 bis 60 Bar (50 bis 60 at) eindrücken, so daß auch die feinste Ritze in der Form exakt aufgefüllt wird. Eine dieser Maschinen kann drei Bausätze des Modells der *Mayflower* mit allen Teilen in der Minute ausspucken.
Aber der Aufbau von Schiffs- und Bootsmodellen aus massenproduzierten Plastikteilen ist nicht diejenige Art des Modellbaus, die den passionierten Spezialisten dieses Hobbys zusagt. Ihnen bleibt bei der Gestaltung zu wenig der eigenen Initiative überlassen. Drei oder vier besonders bemerkenswerte Firmen haben sich deshalb auf die Zusammenstellung von Baukästen mit Holzteilen spezialisiert, um der Nachfrage nach Möglichkeiten entgegenzukommen, Modelle nach traditionellen Methoden ohne allzu große Schwierigkeiten zu erstellen. Solche Kästen sind besonders für Modellbauer vorteilhaft, die mit ihrer Zeit rechnen müssen; der Aufbau setzt keine anderen Werkzeuge oder Einrichtungen voraus, die schwieriger zu handhaben sind als ein scharfes Schnitzmesser mit einigen einsetzbaren Klingen, eine Laubsäge, eine Ahle, einen harten Bleistift und ein Lineal, einige Feilen, ein Stück Holz, mit Sandpapier bespannt, eine Rolle Klebefilm und einen passenden Klebstoff. Oft enthalten diese Baukästen auch Zubehör und Beschlagteile wie Geschütze, Davits, Anker und ähnliches oder diese werden in Zusatzkästen geliefert. Modellbauer, die nicht die Möglichkeit haben, in Messing, Kupfer oder anderen harten Materialien zu arbeiten, wird dadurch der Bau eines naturgetreuen Modells sehr erleichtert.
International führend auf diesem Gebiet ist zum Beispiel die Firma Billing Boats, die in Esbjerg an der Westküste Dänemarks sitzt, wo vor fast einem Jahrtausend die Wikinger ihre Langboote zu Wasser ließen, mit deren Hilfe sie die Küsten Nordwesteuropas beherrschten. Die schiffsbautechnische Tradition der Esbjerger Schiffszimmerleute hat zusammen mit den moder-

Auch diese Nachbildung der Hochseejacht Satanitas *ist ein Steingraeber-Modell.*

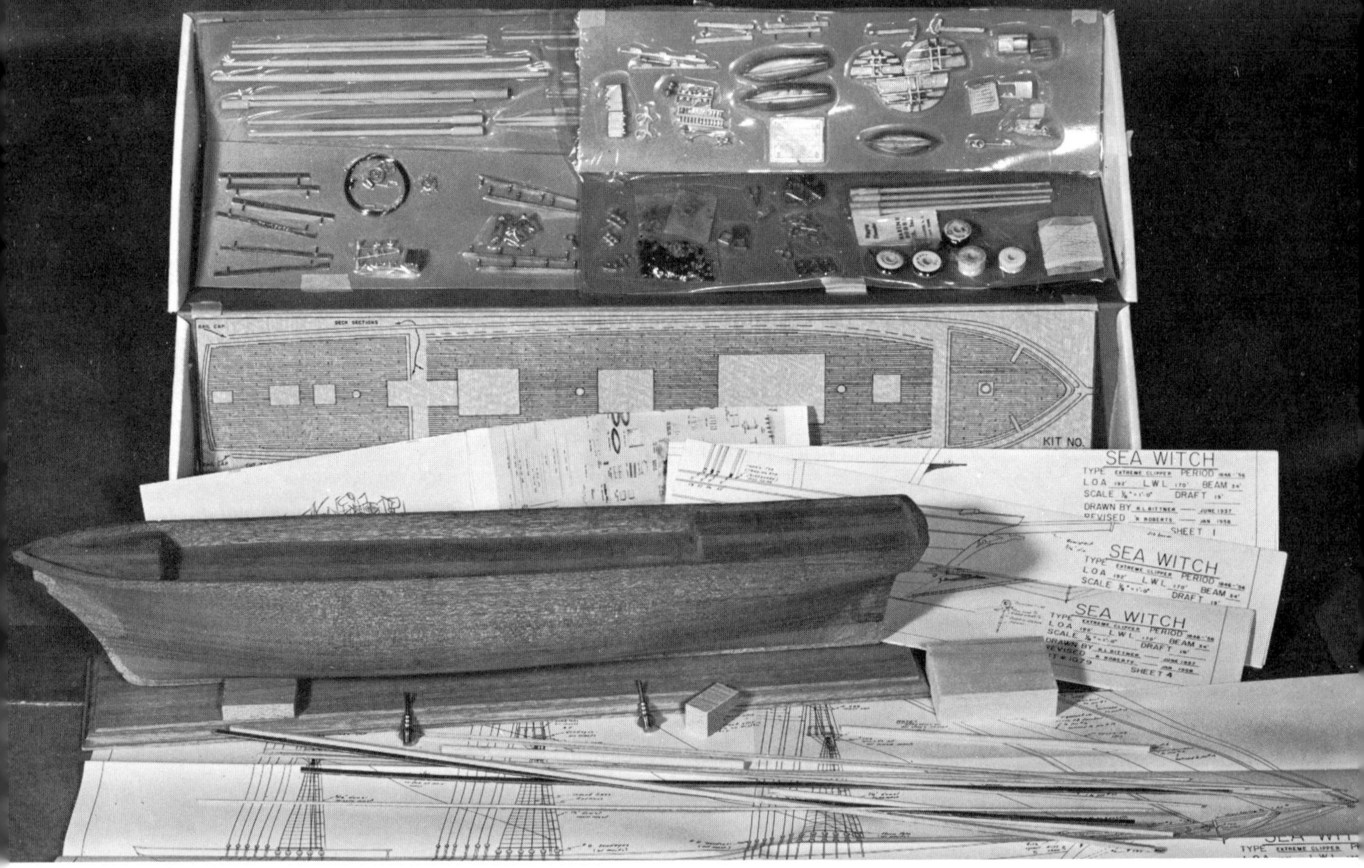
DECK SECTIONS
KIT NO.
SEA WITCH
TYPE EXTREME CLIPPER PERIOD 1846-'56
L O A 192' L W L 170' BEAM 34'
DRAFT 19'
DRAWN BY H.L.BITTNER — JUNE 1957
REVISED R. ROBERTS — JAN 1958
SHEET 1
SEA WITCH
SEA WITCH
SHEET 4

179 Oben links – Teile und Pläne eines Modellbaukastens für ein Schiffsmodell aus dem Angebot der Firma Marine Model Company in Halesite, Long Island, USA.

180 Links – Ein Modellbau-Ingenieur der Firma Revell in Kalifornien beim Studium von Planrekonstruktionen der Mayflower, *die als Unterlagen zur Konstruktion eines entsprechenden Plastikmodells dienen.*

Rechts – Drei Modelle aus dem Sortiment der deutschen Modellbaufirma Johannes Graupner, Kirchheim/Teck: oben (181) – die Santa Maria *als Modellrekonstruktion; Mitte (182) – sehr detailreich gestaltetes Modell des Hanseschiffes* Adler von Lübeck *aus dem Jahre 1665; unten (183) – Modell der Fregatte* Berlin *(1674).*

nen technischen Mitteln die Firma Billing in die Lage versetzt, Baukästen mit Holzbauteilen für Schiffsmodelle zu entwickeln, die nach Ansicht der Experten zu den besten dieser Art überhaupt gehören.
Im Produktionsprogramm von Billing findet man eine reiche Auswahl an Modellen moderner und historischer Schiffe, die auch auf traditionelle Weise gebaut werden, mit Kiel und aufgesetzten Spanten, mit Rumpfplanken und beplanktem Deck, wie eben seit einem Jahrtausend Schiffe gebaut werden, nicht nur in Esbjerg. Zu den erfolgreichsten Modellen gehört das des Kriegsschiffs *Norske Løve* von 1765, dessen Prototyp eines der schönsten Schiffe seiner Zeit überhaupt war. Erwähnenswert sind auch die Modelle der *Dannebrog,* einer reich dekorierten dänischen Königsjacht, und der *Hjejlen,* des letzten noch im Einsatz befindlichen dänischen Raddampfers, mit mehr als 100 Jahren Betriebszeit.
In Deutschland wurde 1956 die Firma Steingraeber gegründet. Gunter Steingraeber begann damals mit der Herstellung von Wasserlinienmodellen aus Pappe, zum Selbstbau, also von Ausschneidebogen. Damit hatte er aber wenig Erfolg, da eine ansehnliche Konkurrenz gleichartige Produkte lieferte.
Ein Jahr später bot er einen Baukasten für ein beplanktes Schiffsmodell an. Jeder mäßig geschickte Bastler konnte ohne Schwierigkeit den Modell-

184 Oben links – Spezialist für Spritzgußformen der Firma Revell bei der Feinbearbeitung einer Form für ein Teil eines Plastikmodells.

185 Oben – Plastikmodell der Mayflower, *gefertigt aus einem Baukasten der Firma Airfix.*

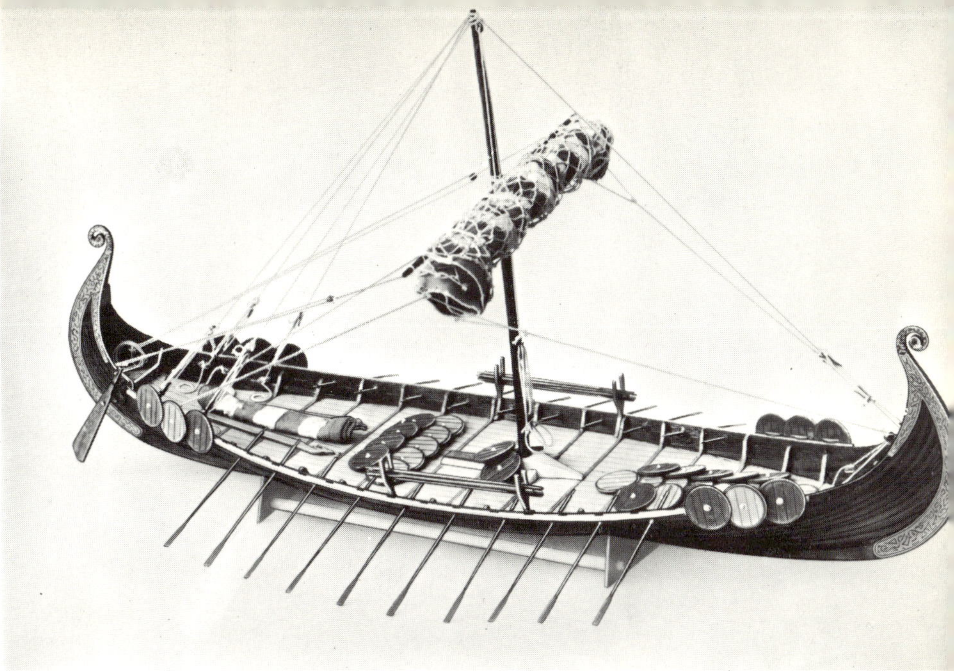

186 Oben – Die Discovery *wurde von Kapitän Scott bei seiner Antarktis-Expedition 1901 eingesetzt. Modell aus einem Airfix-Baukasten.*

187 Oben rechts – Modell eines Wikingerschiffes mit gerefftem Segel aus Teilen eines Graupner-Baukastens.

188 Rechts – Das Viermast-Vollschiff Pamir *von 1905 diente als Segelschulschiff. Modell aus den vorgefertigten Teilen eines Graupner-Baukastens.*

189 Unten – Die Firma Johannes Graupner, Kirchheim/Teck, führt in ihrem Sortiment auch einen Baukasten zum Aufbau eines naturgetreuen Modells der Gorch Fock, *des Segelschulschiffs der deutschen Bundesmarine.*

rumpf der Brigg *Aramis* in Spantenbauweise erstellen. Sofort zeigte sich, daß man damit den Wünschen zahlreicher Modellbauer entgegenkam. Schon kurze Zeit später konnte Steingraeber Baukästen in alle Teile der Erde exportieren.
Seitdem wird bei Steingraeber streng darauf geachtet, nur Modellbaukästen für alte Segelschiffsmodelle zu produzieren, die so ausgearbeitet sind, daß man sie zu erschwinglichen Preisen erwerben und daraus die Modelle ohne große Schwierigkeiten aufbauen kann. Jedes Modell soll die Qualität eines echten Ausstellungsstückes aufweisen. Das gilt zum Beispiel für das Steingraeber-Modell des amerikanischen Schiffes für den Sklavenhandel aus dem 19. Jahrhundert, *Agilis,* und die Modelle der französischen Fregatte *La Flore* von etwa 1790, des Gaffelschoners *Porta Coeli* von etwa 1835, der englischen Jacht *Satanitas* und anderer reizvoller Modelle.
Modellbauer, die kein Geschick oder keine Zeit zum Schnitzen von Galionsfiguren oder Spiegeldekorationen haben, können diese vorgeformt in Zusatzkästen erwerben.
In den Vereinigten Staaten haben zwei Firmen wegen der Qualität und der Naturtreue der Modelle aus den von ihnen entwickelten Baukästen internationalen Ruf. Es handelt sich um The Marine Model Company Inc. in Halesite, Long Island, New York, und die Model Shipways Company Inc. in Bogota, New Jersey.
In einem Vorwort des Katalogs der Marine Model Company schrieb der Schiffsmodellbau-Sachverständige Henry B. Culver:
„Segelschiffsmodelle wurden schon des öfteren mit Gemälden verglichen; in gewissem Sinn ist das berechtigt. Denn die besten Exemplare solcher Modelle sind in den Augen der Sachverständigen von höchstem künstlerischen Wert. Ihre allgemeine Gestaltung, ihre Rumpfformen, ihr Baumaterial, seine Bearbeitung und die Aufbautechnik sprechen das ästhetische Empfinden aufnahmebereiter Menschen nicht weniger an als die Meisterwerke der Malerei."

190 Das amerikanische U-Boot Trigger *war im Zweiten Weltkrieg eingesetzt. Modell aus einem Baukasten der Firma Marine Models.*

Durch ihre Entschlossenheit, den Idealen von Culver praktische Bedeutung zu geben, sind die Verantwortlichen der Firma darum bemüht, daß auch die Käufer ihrer Modellbaukästen Modelle höchster Qualität erstellen können. Sie verweisen stolz darauf, daß ihre Firma zu den wenigen gehört, in denen die meisten Teile noch in Handarbeit entstehen. Es gibt keine Fertigungsstraße für die Massenproduktion. Deshalb, so wird betont, tragen die Produkte noch den Charakter des in Einzelfertigung hergestellten Teils, dem in jedem Einzelfall zugunsten des Käufers volle Aufmerksamkeit gewidmet wird.

„Schiffsmodelle mit hölzernen Rümpfen in Spantenbauweise haben für Modellbauer besondere Anziehungskraft." Dieser Meinung der Firmenleitung, die auf das Ansehen ihrer Produkte verweist, kann man sicher nicht widersprechen.

„Der Rumpf mit seinen Trägern und Spanten bereitet die meiste Arbeit. Oberflächengestaltung, Passungen und Schliff sind Arbeiten des Modellbauers, die er mit Schnitzmesser, Feilen und ähnlichem Werkzeug ausführen muß. Wenn man ein Minimum an Arbeit, Geschick und Zeit aufwenden will, sollte man bei Plastikmodellen bleiben." Wer aber ein Modell aus der Baukastenproduktion der Firma aufbauen will, findet hervorragende Nachkonstruktionen, etwa des Freibeuters *Rattlesnake* aus Massachusetts von 1881, des Schoners *Sultana* von 1767, der Fregatte *Essex* von 1799, des Clippers *Flying Fox* von 1851 und zahlreicher anderer Schiffe.

Viele aus Baukästen gefertigte Modelle sind schwimmfähig und können mit Batterien und Elektromotoren angetrieben werden. Manche kann man auch mit Modell-Verbrennungsmotoren ausrüsten. Maschinenantriebe sind allerdings nur bei Modellen von Maschinenschiffen angebracht. Vielfach enthalten Baukästen solcher Modelle schon Antriebsaggregate. Bei Plastikmodellen läßt die Stabilität auf dem Wasser vielfach zu wünschen übrig. Es gibt aber auch Plastikmodelle, die geeignet sind, funkferngelenkt zu werden.

191 Das Modell der englischen Mehrzweck-Fregatte Leander *mit Bordhubschrauber wurde aus Teilen eines Airfix-Plastik-Kastens gebaut.*

654

654

10 Modelle mit Maschinenantrieb

Schiffsmodelle mit kleinen Antriebsmaschinen gibt es schon seit langer Zeit. Uhrwerkantriebe wurden entwickelt, ehe die ersten großen Dampfschiffe fuhren. Für Versuche baute man kleine Dampfmaschinen in Modelle ein und erprobte damit diese Antriebsart, schon ehe man Dampfmaschinen in große Schiffe montierte.

Strahlantriebe für Boote wurden bereits 1784 vorgeschlagen. James Rumsay baute damals ein Modell, später sogar ein größeres Boot, mit dem er Versuche auf dem Potomac anstellte. Fast ein Jahrhundert später erschien in der Zeitschrift *Les Récréations Scientifiques* eine Abhandlung über ein Modellboot ohne Schaufelräder und ohne Schraube, das durch den Rückstoß eines unter dem Heck austretenden Dampfstrahls angetrieben wurde. Sie war von Gaston Tissandier verfaßt, der einige Jahre später mit seinem Bruder ein lenkbares Luftschiff konstruierte, das bei Paris Probeflüge absolvierte.

Tissandiers Modell war ein Vorläufer der Modelle aus dem Anfang dieses Jahrhunderts, die als Spielzeuge ebenfalls einen primitiven Rückstoßantrieb besaßen. Sie hatten einen kleinen Kessel, der meist mit einer Spiritusflamme beheizt wurde. Wenn man geduldig längere Zeit wartete, erschienen dann über der Ausstoßöffnung unter dem Heck kleine Dampfblasen, die das Modell im Schneckentempo vorantrieben. Sehr beliebt wurde diese Antriebsart nicht.

Wahrscheinlich ist zur Zeit Tissandiers auch erstmals der wirkungsvollere Raketenantrieb bei Bootsmodellen angewandt worden, und zwar durch den Geistlichen C. M. Ramus, der nach erfolgreichen Versuchen mit seinem Gleitbootmodell *Ricochet* Patente zum Schutz seiner Bootsform anmeldete.

Der französische Ausdruck *ricochet* bedeutet soviel wie eine Folge von Rückprallerscheinungen und wurde zur Bezeichnung einer bestimmten

192 und 193 Zwei Ansichten des Modells eines Kabinenkreuzers Fairey Swordsman *aus Teilen eines Bausatzes der Firma Aerokits. Das Modell ist für Modellverbrennungsmotoren mit 1,5 bis 5 ccm Hubraum geeignet.*

Rumpfform angewendet, die ursprünglich von M. Bonnemaison stammt. Bis Ende des letzten Jahrhunderts besaßen alle Schiffe und Boote ausschließlich Verdrängungsrümpfe, deren Auftrieb nach dem Prinzip von Archimedes durch die Verdrängung des Wassers entsteht. Der Auftrieb ist genauso groß wie das Gewicht der Wassermenge, die der Rumpf verdrängt. Wasserfahrzeuge mit Verdrängungsrümpfen werden durch das Wasser getrieben; der Rumpf muß es bei der Vorwärtsbewegung zur Seite schieben. (Der dabei entstehende Wasserwiderstand beschränkt die Geschwindigkeit beträchtlich. Für höhere Geschwindigkeiten sind hohe Antriebsleistungen erforderlich. Tatsächlich steigt die Antriebsleistung mit der dritten Potenz der Geschwindigkeit. Für doppelte Geschwindigkeit ist jeweils die achtfache Antriebsleistung erforderlich. Deshalb können auch Lastschiffe mit geringen Antriebsleistungen sehr hohe Lasten langsam auf dem Wasser transportieren. Höhere Geschwindigkeiten sind aber wegen der dann sofort rapid ansteigenden Maschinenleistung unwirtschaftlich. A. d. Ü.)
Beim *ricochet,* dem Gleitboot, dagegen ist der Rumpf so geformt, daß er bei höherer Geschwindigkeit Strömungsauftrieb liefert, aus dem Wasser gehoben wird und nur noch auf der Oberfläche gleitet, genau wie ein Wasserski. Der Wasserwiderstand sinkt dabei beträchtlich, so daß mit relativ geringer Antriebsleistung hohe Geschwindigkeiten erreicht werden. Hohe Zuladungen allerdings vertragen Wasserfahrzeuge mit solchen Rümpfen nicht, denn dann werden sie ins Wasser gedrückt und der Gleiteffekt tritt nicht ein.
Aber Tissandier und Ramus waren ihrer Zeit ein wenig voraus. In der zweiten Hälfte des 19. Jahrhunderts und zu Beginn des 20. Jahrhunderts waren die Leute, die sich mit maschinengetriebenen Modellbooten befaßten, begeisterte Anhänger der konventionellen Art des Dampfantriebs. Überall auf Seen und Teichen konnte man Modelle mit Dampfantrieb beobachten. Sie erregten das Interesse zahlreicher Zuschauer. Die Modelle waren billig im Betrieb. Man brauchte nur ein wenig Methylalkohol oder einen anderen geeigneten Brennstoff zur Kesselheizung. Aber die kleinen Dampfmaschinen waren vielfach nicht sehr leistungsfähig, die Modelle waren oft öl- und

194 Dieses Modell aus Teilen eines Kastens von Aerokits stellt ein Patrouillenboot dar, ähnlich demjenigen, auf dem im Zweiten Weltkrieg der nachmalige amerikanische Präsident John F. Kennedy Kommandant war. Modelle dieser Art können mit Funkfernsteuerung ausgerüstet und mit Modellverbrennungsmotoren bis 5 ccm betrieben werden. Mit kräftigen Elektromotoren ergeben sich aber modellgerechtere Geschwindigkeiten; sie lassen sich auch besser über die Fernsteuerung regeln.

195 Modell des Fischkutters Edith, *die noch mit einer alten Kolbendampfmaschine angetrieben wird.*

rußverschmiert. Oft blieben sie schon wegen einiger Schwimmpflanzen auf dem Wasser hängen. Und sehr betriebssicher waren die Antriebsanlagen auch nicht.
In der Zeitschrift *Model Engineer* vom 1. Februar 1902 findet sich folgende Mitteilung:

„Am Sonntagmorgen, dem 5. Januar, explodierte auf einem Teich im Hyde-Park ein Modelldampfer von etwa drei Meter Länge. Der Eigner, Mr. Brooks, und ein anderer Mann wurden erheblich verwundet. Das Modell soll ‚mit Petroleum' betrieben worden sein. Nach unseren Informationen ist dies aber nicht zutreffend. Bei der Explosion wurde das Modell in Stücke gerissen. Leser des *Model Engineer,* die Näheres über den Unfall wissen, werden von der Redaktion um alle erreichbaren Mitteilungen gebeten."

Das Modell mit Dampfmaschinenantrieb hieß *Amy Howard,* wie sich später herausstellte. Am 15. März desselben Jahres berichtete die Zeitschrift das Ergebnis ihrer Nachforschungen:

„Das Modell hatte eine Wasserverdrängung von rund 100 Litern (wog also rund 100 Kilogramm), war meisterhaft aufgebaut und äußerlich exakt einem Frachtschiff nachgestaltet. . . . mit vollständiger Deckausrüstung, Ankern, Bootsdavits, Niedergängen, Verschlägen und Deckhäuschen, Maschinentelegraphen – alles war maßstabgerecht gefertigt. Der Eigner, Mr. George Howard, baute die Dampfmaschine, die Kessel und alle sonstigen Konstruktionsteile aus Metall. Gelagert wurde das Modell im Hause von Mr. Edwin Brooks, der den Rumpf entwarf und den gesamten Aufbau überwacht sowie die Lackierung und den Anstrich ausgeführt hatte. Betrieben wurde das Modell meist am Sonntagmorgen im Serpentinesee des Hyde-Park, zwanzig Minuten zu Fuß entfernt. Vor der Explosion am

LADY MARION

GOLDEN EAGLE
GOLDEN EAGLE

5. Januar hatte das Modell bereits über 100mal das Gewässer überquert; niemand rechnete mit einem Unfall dieser Art.
An dem betreffenden Morgen bereitete man das Modell wie üblich vor. Die Holzkohlenbefeuerung der Kesselanlage wurde noch in Mr. Brooks Haus gezündet und Dampf aufgemacht. Danach wurde das Modell aus seinem Lagerraum mit einem Transportkarren zu dem See gefahren. Frisches Speisewasser wurde jedoch im Gegensatz zu den sonst üblichen Vorbereitungen nicht in den Kessel gepumpt. Das Nachfüllen war recht umständlich. Die Pumpe war nicht im Boot montiert und besaß einen flexiblen Stutzen, der am Auslaßventil des Kessels zum Nachfüllen angeschraubt werden mußte. Mr. Brooks erwähnte während des Transports zum See, der Wasserstand im Kessel sei recht niedrig, aber offensichtlich maß man dem keine große Bedeutung bei.
Am See angekommen wurde man wieder auf den niedrigen Wasserstand im Kessel aufmerksam. Dennoch beschloß man, zuerst eine Fahrt zu machen, bevor man Wasser nachpumpen wollte. Das Modell funktionierte vorzüglich, angeblich besser als jemals zuvor. Am gegenüberliegenden Ufer des Sees nahm es Mr. Books in Empfang, legte es längsseits des Ufers und schloß die Dampfzufuhr. Gerade als er sich aufrichtete, ertönte die Detonation. Krachend wurden die Decks und die dem Ufer zugewandte Rumpfseite aufgerissen, die Zuschauer mit Wasser, Holzkohlenasche und Splittern überschüttet. Metallteile des zerborstenen Kessels verletzten Mr. Brooks am Arm und am Ohr so schwer, daß er auf der nahegelegenen Unfallstation der Royal Human Society behandelt werden mußte.
Kesselteile und Feuerung wurden aus dem Modell gerissen und lagen im Wasser. Der Kiel brach in zwei Teile, der mittlere Rumpfabschnitt wurde praktisch völlig zerstört. Der Schornstein, der fast 1,5 Kilogramm wog, wurde ein beträchtliches Stück weggeschleudert. Zuschauer, soweit sie nicht fluchtartig den Schauplatz verlassen hatten, halfen, noch brauchbare Teile einzusammeln. Die Wrackteile des Modells wurden aus dem Wasser gehoben und nach Hause gekarrt."

Später hatte der Redakteur des Blattes offensichtlich Gelegenheit, die Trümmer zu inspizieren. „Mr. Howard sollte uns nicht böse sein, wenn wir harte Kritik üben", schrieb der in Modellbaukreisen recht bekannte Mann. Der Kessel war aus einem Stück Messingrohr gefertigt, mit Endflächen aus Kupferblech, das über den Rand des Messingrohrstücks gebördelt und lediglich weich aufgelötet war. „Ein Kessel gleicht aber einer Kette; er ist ebenfalls nicht stärker als sein schwächstes Glied. Die Verbindung war nicht genietet", bemängelte der Redakteur. Er führte Berechnungen über die Dampfdrücke an, die zweifellos unerlaubt angestiegen waren, fragte dann: „Warum funktionierte das Sicherheitsventil nicht?" und gab schließlich selbst die sarkastische Antwort: „Ein Sicherheitsventil war auf den Plänen vorgesehen, aber aus Papier nützt es nichts."

196 Oben – Modell des Schleppers Lady Marion, *das eine Kleindampfmaschine als Antrieb besitzt.*

197 Mitte – Eine Zweizylinder-Dampfmaschine mit oszillierenden Zylindern besitzt dies Modell des Raddampfers Ryde.

198 Links – Bereits im Biedermeier gab es hochwertiges mechanisches Spielzeug, wie dieses sehr wirklichkeitsnahe Modell aus dem Jahr 1822 des Raddampfers Dolphin *aus der Frühzeit der Dampfschiffahrt beweist. Das Spielzeugmodell besitzt Uhrwerksantrieb.*

Der Bericht schließt mit Ermahnungen: „Der Unfall bestätigt wieder, daß der Modellbauer ganz besonders bei größeren Kesseln unter keinen Umständen auf ein zuverlässiges Sicherheitsventil verzichten darf; zwei Ventile sind noch besser; ferner, daß man beim Bau eines Kessels auch etwas von der Theorie verstehen muß. Modellbauer, die mit Berechnungen von Kesseln nicht vertraut sind, sollten zumindest Lehrbücher zu Rate ziehen oder sich an unseren Auskunftsdienst wenden."

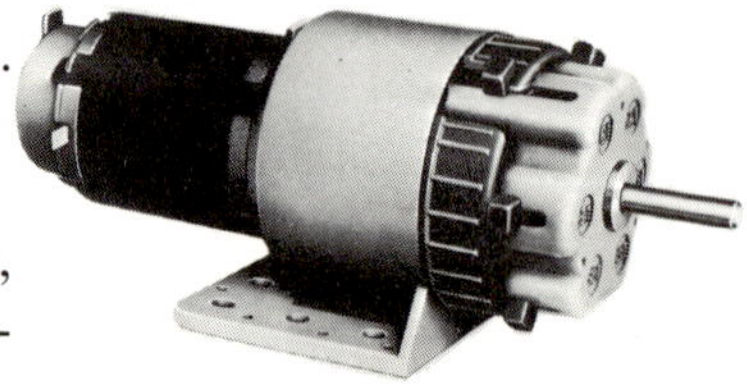

Trümmer der *Amy Howard* hingen noch eine Zeitlang an der Wand von Mr. Brooks Werkstatt, mit der Unterschrift: „Totalverlust 5. Januar 1902."

Zwischen 1900 und 1910 wurden mehrere Schiffsmodellklubs gegründet, deren Mitglieder für ihre Modelle fast ausschließlich Dampfmaschinen benutzten. Einige bauten sogar recht wirkungsvolle Überhitzer. Mehrere bedeutende Wettbewerbe für Dampfmodelle wurden organisiert, die zur Verbreitung dieses Hobbys beitrugen. Besonderes Interesse bei Schiffsmodellbauern in aller Welt fand der jährliche Dampfmodellboot-Wettbewerb der Zeitschrift *Model Engineer.* Bei der ersten Veranstaltung dieser Art im Jahr 1902 waren neun Boote mit Dampfantrieb am Start, alle mit Verdrängungsrümpfen. Die drei schnellsten Modelle, *Express, Darling* und *Fidget,* erreichten Geschwindigkeiten von 8,0, 7,55 bzw. 7,32 Kilometer pro Stunde. 1913 aber liefen die schnellsten Boote bereits 36,5 bzw. 34,1 Kilometer pro Stunde.

In Frankreich trugen die Rennen um den Branger-Pokal zur Verbesserung der Konstruktionen und der technischen Qualität der Modelle bei. Zweimal in zwei aufeinanderfolgenden Jahren gewann ein gewisser M. Girard, das erstemal mit einem Dampfboot, das zweitemal aber mit einem Modell mit Petroleummotor. Der Modell-Verbrennungsmotor machte sich im Schiffsmodellbau breit und verdrängte bald die Dampfmaschinen.

Für Spielzeugschiffe wurde vor dem Zweiten Weltkrieg in erster Linie das Uhrwerk zum Aufziehen verwendet. Die schönsten Spielzeuge dieser Art, aus dem 19. Jahrhundert, besonders von der Firma Bing und einigen deutschen Herstellern, besitzen heute einen gewissen Sammlerwert, natürlich nur, sofern sie nicht verrostet sind. Und dem Rostfraß unterlagen eben in der Zeit, in der es keine Kunststoffe gab, die meisten mechanischen Spielzeuge, die mit Wasser in Berührung kamen. Die einfachen Spielzeuguhrwerke waren schwach und liefen nur kurz. Hochwertige Uhrwerke jedoch, die technisch begabte Modellbauer aus Tischuhren oder Uhrwerk-Grammophonen ausbauten und als Modellbootantriebe umkonstruierten, erbrachten manchmal recht beachtliche Leistungen bei meistens befriedigenden Laufzeiten.

Aber Antriebsuhrwerke sind heute praktisch aus Modellbooten völlig verschwunden. Solche Antriebe braucht man nicht mehr, denn kleine Spielzeugelektromotoren sind ebenso billig wie Batterien, und auch Modelldie-

Links – Einige zum Antrieb von Schiffsmodellen geeignete Niedervolt-Gleichstrommotoren: Oben (199) Kleinmotor mit Getriebe für kleine Modelle; darunter (200) Kleinmotor mit sechs wählbaren Untersetzungen zur Anpassung der Motorendrehzahl an die niedrigere Drehzahl einer wirkungsvollen Schraube; Mitte und unten (201) zwei kräftige Motoren mit Feldwicklungen für größere Modelle und Akkumulatoren als Stromquelle.

202 Oben – Graupner-Modell des Fischereibootes Elke, *geeignet für Funksteuerung und Elektroantrieb.*

203 Rechts – Kajütenkreuzer Commodore, *ebenfalls von Graupner, für Elektroantrieb und Funkfernsteuerung.*

sel- und Glühzündermotoren zwischen 0,3 und 10 Kubikzentimeter sind erschwinglich und höchst leistungsfähige Modellantriebe. Elektromotoren kann man für alle Bootsmodelle verwenden, bis herab zu Rumpflängen von etwa 10 Zentimetern, denn die kleinsten Motoren sind nicht größer als ein Fingerhut. Die kleinsten Glühzündermotoren kann man in geeignete Modelle von etwa 25 Zentimeter Rumpflänge einsetzen. Allerdings werden diese Modelle dann leicht ein wenig zu schnell. Es gibt so viele verschiedenartige Elektromotoren, daß man für jedes Modell passende elektrische Triebwerke findet.

Der Elektromotor hat gegenüber allen anderen Antrieben einige höchst beachtliche Vorteile (und dies keineswegs nur bei Modellfahrzeugen). Er ist kompakt, äußerst betriebssicher, läuft von selbst an, macht keinen Schmutz und ist praktisch lautlos. Man braucht nur einen Schalter umzulegen – das ist alles. Außerdem ist er billig, besitzt nur ein drehendes Teil, hat sehr lange Betriebszeiten und ist leicht in Modellbootrümpfe zu montieren. Vorbildgetreue Modelle mit Verdrängungsrümpfen und Elektroantrieb erreichen modellgerechte Geschwindigkeiten, bei denen sich gleichartige Bug- und Heckwellen wie bei den betreffenden Großschiffen ergeben. Aber Elektromotoren sind meist nicht kräftig genug, um Gleitbootmodelle auf Gleitgeschwindigkeiten zu bringen – genauer gesagt: die notwendigen Batterien zur Stromversorgung belasten solche Modellboote zu sehr.

Die im Bootsmodellbau verwendeten Verbrennungsmotoren sind prinzipiell die gleichen, die man auch für Flugmodelle verwendet. Sie werden jedoch auf Wasserkühlung umgebaut, weil in Modellbootrümpfen der Luftzug für Luftkühlung nicht ausreicht. Dafür gibt es Umrüstteile. Man unterscheidet zwischen Modelldieseln und Glühzündermotoren. Britische Hersteller bevorzugen offensichtlich die Modelldiesel. In den Vereinigten Staaten, Japan und auf dem europäischen Festland, auch in der Bundesrepublik und der DDR, wird vielfach der Glühzünder bevorzugt.

Modelldiesel sind im technischen Sinn die einfachsten Verbrennungsmotoren, die überhaupt möglich sind und keine echten Dieselmaschinen, in denen Luft bis zur Entzündungstemperatur adiabatisch komprimiert und dann in den Verbrennungsraum Brennstoff eingespritzt wird. Modelldiesel saugen durch einen einfachen Vergaser ein Brennstoff-Luftgemisch an, das sich dann bei der Kompression selbst entzündet – durch den gleichen Effekt, der bei Automotoren höchst unerwünscht ist und Klingeln genannt wird. Der Brennstoff enthält Äther, der eine besonders niedrige Zündtemperatur hat. Modelldiesel zeigen dennoch oft Startschwierigkeiten. Immer wieder muß man die Anwurfschnur um die Schwungscheibe des Motors wickeln und zieht sie dann vergebens. Unter den Augen von Hunderten von Zuschauern auf einem nationalen oder internationalen Wettbewerb ist das eine recht nervenaufreibende Sache.

Beim Glühzünder wird das komprimierte Gemisch im Verbrennungsraum mit Hilfe einer Glühwendel aus einer Platinlegierung entzündet. Mit dem

Oben – Wasserlinienmodell des britischen Flugzeugträgers H.M.S. Eagle, *das als Ausstellungsobjekt gebaut wurde.*

Unten – Ferngesteuertes Modell mit Elektroantrieb der Grille *der deutschen Seekriegsleitung bis 1945, die Adolf Hitler als Staatsjacht diente. Das Modell wurde von John Darnell gebaut.*

Nächste Seiten – Ausstellungs-Schnittmodell des italienischen Kfz-Frachters Italterra.

ZWARTE ZEE

FIRE

Strom aus einer stärkeren 1,5-Volt-Batterie wird die Glühwendel auf Rotglut gebracht. Solche Motoren sind deshalb startwilliger als Modelldiesel. Sobald sie dann laufen, hält die Verbrennungswärme die Glühwendel auf Rotglut. Man kann dann sofort die Batterie abklemmen, benötigt sie also nur kurz als Starthilfe und braucht sie nicht im Modell mitzuführen.
Auch gegen Versaufen – Brennstoffüberfluß im Verbrennungsraum – sind Glühzünder unempfindlicher. Als Brennstoff wird ein Gemisch aus Methylalkohol mit Rizinusöl als Schmiermittel benutzt.
Der Raketenantrieb, die einstige Neuerung des Reverend Ramus im Bootsmodellbau, hat jedoch nur bei wenigen Spezialmodellen für höchste Gleitgeschwindigkeiten Anwendung gefunden. Eine Ausnahme machen kleine Modelle mit sogenannten Jetex-Triebwerken, kleinen Brennkammern mit Düsen, die mit festen Brennstofftabletten gefüllt werden. Nach dem Entzünden brennen die Tabletten innerhalb von zehn Sekunden ab und entwikkeln dabei beachtliche Rückstoßkraft, so daß kleine Gleitbootmodelle ansehnliche Gleitstrecken über das Wasser zischend zurücklegen.
Die Gleitbootmodelle mit leistungsfähigen Verbrennungsmotoren haben sich unter dem Anreiz der internationalen Wettbewerbe so rasch entwickelt und so hohe Geschwindigkeiten erreicht, daß bereits vor dem Zweiten Weltkrieg Rennen über gerade Regattastrecken aufgegeben werden mußten, weil es einfach nicht mehr möglich war, die Boote, die mit 50 Kilometer Stundengeschwindigkeit aufs Ufer zuschossen, abzufangen. Boote, die außer Kurs gerieten und an Land sprangen, gefährdeten die Zuschauer. Deshalb begann man, diese raschen Modelle an Fesselleinen zwangsweise über Rundkurse zu führen. Gefesselte Gleitboote dieser Art – die heute bei Rekordfahrten bis über 200 Kilometer pro Stunde erreichen können – kann man gelegentlich noch bei Wettbewerben sehen. Im allgemeinen hat sich aber das Interesse einer weitaus weniger gleichförmigen Art der Kontrolle der Modelle zugewandt:
Die meisten Freunde der schwimmfähigen Schiffsmodelle haben heute den Ehrgeiz, sie über Funk fernzusteuern, und zwar so exakt, als ob sie selbst darin säßen. Hierzu gibt es käufliche Fernsteueranlagen. Man braucht zu deren Einrichtung und Betrieb keine Kenntnisse in der Elektronik. Die amtliche Genehmigung der Postbehörde ist leicht zu erhalten. Die Möglichkeiten sind praktisch nur durch die Anschaffungskosten der Anlagen beschränkt.
Eine Funkfernsteueranlage gliedert sich in drei Hauptteile: den Sender, den der Modellbauer an Land bedient, den Empfänger im Modell, der die Signale des Senders aufnimmt, und die Rudermaschinen, welche die vom Empfänger abgegebenen Signale in entsprechende Ruderbewegungen umsetzen.
Der Sender strahlt die Steuersignale auf einer Frequenz ab, die nicht von anderen und wichtigeren Funkdiensten besetzt ist, sondern von industriellen Hochfrequenzanlagen. Bei den besseren Systemen können verschieden-

Oben – Die Zwarte Zee *ist ein holländischer Hochsee-Bergungsschlepper, in erster Linie zum Einbringen von Havaristen auf hoher See und Freischleppen aufgelaufener Schiffe. Das Modell ist aus einem Baukasten von Billing Boats gefertigt. Alle Schlepper sind durch das aufbaufreie Achterschiff gekennzeichnet. Die Schleppleine muß mittschiffs im Drehpunkt des Rumpfes belegt werden, da der Schlepper sonst unter Leinenzug nicht mehr manövrierfähig wäre.*

Unten – Plastikmodell von Aerokit eines Hafen-Feuerlöschbootes. Dies Modell hat gute Stabilität auf dem Wasser und eignet sich hervorragend für Elektroantrieb und Funksteuerung.

NO SMOKING
8 B

208 Oben – Einkanal-Fernsteueranlage mit Sender (rechts), Empfänger (links) sowie Antenne. Solche Fernsteueranlagen werden heute nur noch wenig benutzt.

209 Unten – Moderne Proportional-Mehrkanalanlage mit vier Ruderservos für acht Kanäle, mit der alle Ruder gleichzeitig bedient werden können.

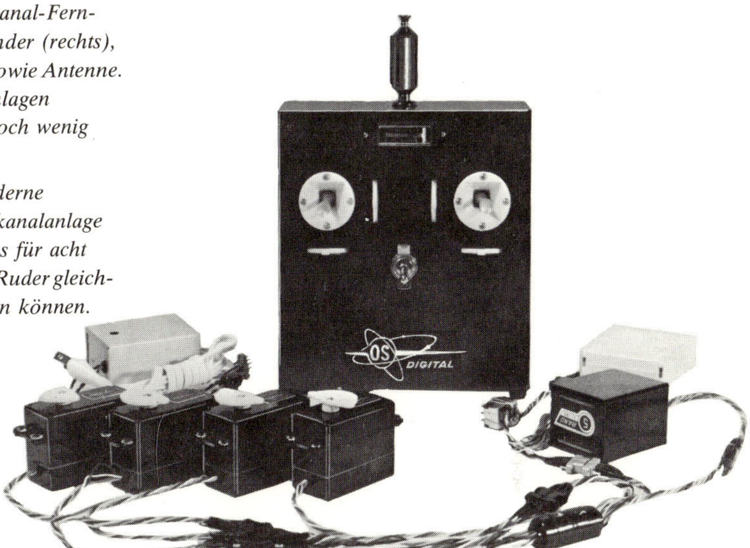

204 Links – Aufnahmeserie vom Umbau eines alten Motorbootes in ein bemanntes Modell des Flugzeugträgers U.S.S. Enterprise.

205 Oben – Modelldiesel für Bootsantriebe.

206 Mitte – Modellbenzinviertaktmotor mit elektrischer Zündung für große Modelle.

207 Unten – Kleinerer Glühzündermodellmotor.

artige Signale als sogenannte Kanäle für verschiedenartige Funktionen übertragen werden. Der Empfänger sortiert dann diese Signale nach ihrer Art und schaltet entsprechend die einzelnen Rudermaschinen.
Die einfachste Art von Fernsteueranlagen, bei denen nur über einen Kanal und einen sogenannten Schaltstern etwa ein Ruder in der Zwangsfolge rechts-links-rechts-links bewegt werden kann, ist heute in der Bundesrepublik fast verschwunden. Mehrkanalanlagen beherrschen das Feld. Zum Betrieb eines Modellbootes sollten mindestens vier Kanäle vorhanden sein, zwei für die Ruderbewegung und zwei für die Motorensteuerung. Bei Segelbooten kann man über diese zwei letzteren Kanäle auch das Großsegel legen und auf diese Weise hart am Wind bleiben, Halsen, Wenden und Aufschießen.

Es gibt kaum jemanden, der nicht mit Interesse zusieht, wie ein Modellboot auf einer Wasserfläche raffinierte Manöver ausführt, aus größerer Entfernung gesteuert von einem Mann, der vielleicht am anderen Ufer steht und den man unter den dortigen Zuschauern gar nicht herausfindet.

Auch für die Schiffsmodell-Funkfernsteuerer haben sich Klubs und Vereinigungen gebildet, die ihren Mitgliedern technische Hilfestellung geben und öffentliche Veranstaltungen organisieren. Die Klubs arbeiten Regeln für die Wettbewerbe aus, sorgen dafür, daß ihre Mitglieder Zutritt zu geeigneten Wasserflächen erhalten und auch gegen Haftpflichtansprüche versichert sind.

Die größte internationale Organisation für den Schiffsmodellbetrieb ist die Naviga, die 1959 in Basel gegründet wurde und der heute nationale und lokale Vereinigungen in Belgien, Bulgarien, in der Bundesrepublik und in der Deutschen Demokratischen Republik, in Großbritannien, Holland, Italien, Österreich, Polen, Rußland, Schweden und der Schweiz, in der Tschechoslowakei und in Ungarn angehören. Gleichartige Vereinigungen gibt es

210 Oben – Modelljacht Collie *aus einem Graupner-Baukasten, die sich zum echten Modellsegeln mit funkferngesteuerter Ruder- und Segelverstellung eignet.*

211 Rechts – Schwimmfähiges Modell der dänischen Königsjacht Dannebrog, *aufgebaut aus einem Baukasten von Billing Boats und mit Elektroantrieb ausgerüstet.*

auch in den Vereinigten Staaten und in Südafrika. Zu den größeren Veranstaltungen dieser Vereinigungen werden immer auch Preisträger aus dem Ausland und vielfach auch aus Übersee eingeladen.
Bei großen Schiffsmodellveranstaltungen gibt es Wettbewerbe in folgenden Kategorien:

Geschwindigkeitsrennen mit Gleitbooten an Fesselleinen, für ferngesteuerte Modelle auf einem Dreiecks- oder Achterkurs, der durch Bojen abgesteckt ist.

Läufe für ungesteuerte Boote zwischen zwei Bojen am Ende der Laufstrecke hindurch. Es kommt dabei darauf an, daß das Modell seinen Kurs hält.

Läufe mit Zeitvorgabe, bei denen die Teilnehmer vor dem Start die Zeit anzugeben haben, in welcher ihr Modell die vorgegebene Distanz durchlaufen wird. Gewinner ist derjenige Teilnehmer, dessen Vorangabe der gemessenen Laufzeit am nächsten kommt.

Geschicklichkeitswettbewerbe für ferngesteuerte Boote auf einem komplizierten Kurs zwischen zahlreichen Bojen hindurch.

Ballonstechen für ferngesteuerte Boote, die mit einer scharfen Nadel am Bug versehen sind. Auf der Wasserfläche treiben zahlreiche Luftballone. Es kommt darauf an, das Modell so zu steuern, daß es in einer bestimmten Zeit möglichst viele Ballone zum Platzen bringt.

Aber der Betrieb von Modellbooten ist nicht nur eine Angelegenheit des Wettkämpfens, sondern auch ein Sport, der Freundschaften fördert. Modellbauer, die vielfach aus Übersee zu dem Wettbewerb *Rand Daily Mail* Junior 200 mit einem Zweistundenlauf zusammenkommen, genießen die freigebige Gastfreundschaft ihrer gleichinteressierten Kameraden, mit denen sie ihre Erfahrungen austauschen, und reisen dann wieder mit der Überzeugung heim, daß es auf der ganzen Welt kein befriedigenderes Hobby gäbe.
Der berühmte Runde Teich in den Kensington Gardens in London ist schon seit vielen Jahrzehnten Treffpunkt von Segelbootmodellbauern. Regelmäßig wird der Teich abgelassen und der Boden entschlammt, und regelmäßig findet man dabei einige gesunkene Modelle. Nach längerer Liegezeit am Grund bieten sie einen traurigen Anblick, sind grau, verschlammt, mit Algen bewachsen und erinnern dann an die unzähligen Wracks großer und einst stolzer Schiffe auf dem Grund der Weltmeere, denen im Lauf der Schiffahrtsgeschichte das gleiche Schicksal beschieden war wie den kleinen Modellen. Seefahrt auf den Weltmeeren war niemals gefahrlos. Aber es gibt in dieser Hinsicht noch eine Parallele, die keineswegs traurig stimmt: für jede Fahrt eines Modellboots oder eines großen Schiffes, die am Gewäs-

212 Modell der Jacht Anna; *der Rumpf ist in Schichtbauweise gefertigt. Der Elektromotor arbeitet mit dem Strom aus einem 6-Volt-Akkumulator.*

sergrund endet, stehen unzählige Stunden oder Jahre glücklicher Reisen über ruhiges oder rauhes Wasser, Erlebnisse, Errungenschaften und Leistungen. „Es gibt nichts – überhaupt nichts – das auch nur halb so viel wert ist wie das einfache Dahinsegeln in einem Boot", heißt es in Kenneth Grahames klassischem Buch *„The Wind in the Willows"* (Der Wind streicht durch die Weiden – was hier wohl bedeuten soll: Die Leinen der Takelage pfeifen im Wind). Statt „*in* einem Boot" hätte er auch „*mit* einem Boot" schreiben können und dann auch von allen denen geredet, die das Erlebnis der Seefahrt mit den stellvertretenden Modellen suchen und finden.

213 Durch zwei gekoppelte 6-Volt-Elektromotoren, die auf vier Schrauben arbeiten, wird dieses Modell der Mauretania *angetrieben.*

Fachausdrücke

Bark, kleineres Segelschiff mit mehreren Masten, →Rahsegeln und →Besan; auch kleineres Frachtschiff oder Repräsentationsschiff.
Besan, das →Gaffelsegel am hintersten Mast eines Schiffes.
Bilge, der Rumpfboden eines Schiffes, bei Doppelboden Raum zwischen Rumpfaußenhaut und dem Tanzboden (unterster Schiffsboden), in dem sich Schwitz- und Leckwasser ansammelt.
Boje, verankerter Schwimmkörper zur Bezeichnung von Seefahrtshindernissen, Wasserstraßen, als Ansteuerungspunkt; auch zum Festmachen von Wasserfahrzeugen.
Bramstenge, der am oberen Ende der →Marsstenge befestigte Teil eines Mastes.
Brigantine, zweimastiges Segelschiff des 17. und des 18. Jh., ähnl. →Brigg mit Schoner-Takelage am Großmast (→Schoner).
Brigg, Segelschiff mit zwei vollbetakelten Masten.
Bug, der vorderste scharf zulaufende Teil eines Schiffrumpfes, der das Wasser zerteilt.
Bugspriet, über den →Bug in Deckhöhe schräg nach oben vorstehender Träger mittschiffs, an dem der →Klüverbaum befestigt ist.
Clipper, rasches →Vollschiff mit vorspringendem Bug und nach achtern geneigten Masten im 19 Jh.; der Typ von Großsegelschiffen, der die höchsten Geschwindigkeiten erreichte.
Dingi, kleines Ruderboot; kleines ungedecktes Segelboot mit einem Segel.
Fockmast, vorderster Mast eines Segelschiffes.
Fregatte, schnellsegelndes Kriegsschiff des 17. Jh.; heute rascher Geleitschutz-Zerstörer, auch schon mit Kernantrieb gebaut.
Gaffel, am oberen Teil des Mastes schräg nach oben und hinten beweglich angebrachte Spiere zur Befestigung des →Gaffelsegels.
Gaffelsegel, Segel, dessen eine Hochkante direkt am Mast und dessen Oberkante an der Gaffel befestigt ist, (→Schratsegel).
Gallione, Segelschiff spanischen Bautyps besonders für den Handel mit den ehemaligen spanischen Kolonien in Amerika.
Galeere, langes flach gebautes Schiff mit Riemenantrieb und Hilfsbesegelung im Mittelmeerraum; vom Altertum bis ins 18. Jh.
Großmast, Mast hinter dem →Fockmast eines Segelschiffes, höchster Mast.
Heck, hinterer Teil eines Schiffes.
Karacke, größeres Handels- oder Kriegsschiff mit Besegelung, besonders die portugiesischen Segler für den Ostindien-Handel.
Karavelle, kleineres, relativ rasches Segelschiff, ähnl. →Karacke im 15. bis 17. Jh.
Kiel, Hauptlängsträger mittschiffs am Schiffsboden, an den vorn und achtern die →Steven und als Querträger über die Rumpflänge die →Spanten angesetzt sind.
Klinker-Beplankung, Rumpfbeplankung mit →Planken, die sich überlappen; im Unterschied zur →Kraweel-Beplankung.
Klüverbaum, dem →Bugspriet aufgesetzter, mittschiffs

über den Bug schräg nach oben stehender Träger zur unteren Befestigung von Klüversegeln (Vorsegeln).
Kogge, Segelschiff mit bauchig geformtem Rumpf, rundem Bug und Heck, mit →Rahsegel, bis ins 15. Jh.
Korvette, leichtes Segelschiff, später besegeltes Dampfschiff für Kriegseinsatz; heute kleineres seetüchtiges Kriegsschiff besonders für Geleitschutz und als U-Boot-Jäger.
Kraweel-Beplankung, Rumpfhaut aus K.-Planken, die sich nicht überlappen, sondern mit ihren Schmalseiten fugenlos zusammenstoßen, ergibt glatte Rumpfwandung; heute vielfach bei Regatta-Segelbooten.
Kreuzmast, Mast hinter dem →Großmast eines Segelschiffes. Der letzte Mast eines viermastigen Segelschiffes ist der Jigger.
Lateralplan, die senkrechte Schnittfläche längs durch den Rumpf unter der Wasserlinie, gleichbedeutend die seitliche Projektionsfläche des Rumpfes, die für den Wasserwiderstand gegen seitliches Schieben im Wasser unter Winddruck maßgebend ist.
Laufendes Gut, der Teil der Takelage eines Schiffes, der zum Setzen der Segel und zur Segelführung dient, also beweglich ist: die Segel selbst, Schots, Taljen Gordings.
Mars, Standfläche am oberen Ende des Untermastes, an der die Wanten angesetzt sind.
Marsstenge, der am oberen Ende des →Untermastes befestigte Teil eines Mastes.
Planken, ursprüngl. und auch heute bei kleinen Fahrzeugen an →Steven und →Spanten befestigte in Längsrichtung des Schiffes verlaufende Bretter, welche die Rumpfhaut bilden; bei stählernen Schiffen Stahlblechplatten, die zur Rumpfaußenhaut zusammengenietet oder verschweißt sind.
Pardunen, Verspannungen eines Masts nach achtern.
Quersegel, Sammelbezeichnung für alle Segel, die in Normalstellung quer zur Längsrichtung des Schiffes stehen, besonders wirksam beim raumem Wind (von achtern bis querab).
Rah, horizontaler, an seiner Mitte am Mast befestigter und schwenkbarer Querträger für →Rahsegel.
Rahsegel, rechteckiges Segel (→Quersegel), breiter als hoch, dessen Oberkante an einer →Rah befestigt ist, also keine direkte Verbindung mit dem Mast hat. Die beiden unteren Ecken des Segels sind an der nächstunteren Rah bzw. beim untersten R. eines Mastes mit Schoten (Leinen, die an Deck führen) befestigt.
Riemen, zweiarmiger Hebel, an oder in der Bordwand gelagert, mit Blattfläche, die ins Wasser taucht, zum Fortbewegen eines Wasserfahrzeugs durch Muskelkraft; populär „Ruder“.
Royalstenge, bei vierteiligen Masten der oberste, am oberen Ende der →Bramstenge befestigte Teil eines Mastes.
Ruder, Fläche, die zur Richtungssteuerung eines Schiffes schräg zur Strömung gestellt wird, zum Beispiel ein achtern nachgeschleppter →Riemen, seit dem 14. Jh. gelenkig am Achtersteven angebrachte Fläche unterhalb der Wasserlinie.
Schoner, Segelschiff mit zwei oder mehreren Masten und →Gaffelsegeln; zusätzlich mit →Rahsegeln als Sch.-Brigg.
Schratsegel, Sammelbezeichnung für alle Segel, die längs geführt werden, deren Fläche also etwa parallel zur Längsrichtung des Schiffes steht,besonders →Gaffelsegel, →Stagsegel; besonders wirksam am Wind (schräg von vorn bis querab).
Stags, Verspannungen eines Mastes nach vorne.
Stagsegel, alle Dreieckssegel, die längs geführt werden und an den nach vorn führenden Verspannungen der Masten (Stags) befestigt sind (→Schratsegel).
Stehendes Gut, der Teil der Takelage eines Segelschiffes, der zum Verspannen der Masten und Befestigen der Segel dient und zur Segelführung nicht bewegt wird, besonders →Pardunen, →Stags und →Wanten außer den Masten selbst.
Steven, vorn und achtern mehr oder weniger senkrecht auf den →Kiel aufgesetzte Träger. Am Vordersteven laufen die →Planken zum Bug zusammen.
Spanten, Querträger eines Schiffes, welche den Rumpfquerschnitt ergeben und an denen die →Planken befestigt sind; nach beiden Seiten am →Kiel angesetzt.
Spiegel, hintere, quer zur Längsrichtung des Rumpfes stehende Abschlußfläche des →Hecks.
Takelage, alle Einrichtungen an Deck eines Schiffes, die zum Verspannen der Masten, zur Befestigung der Segel und zur Führung der Segel dienen.
Topp, oberes Mastende.
Untermast, der unterste, im Schiffsrumpf befestigte Teil eines Mastes.
Vollschiff, Segelschiff mit drei oder mehr Masten, das an allen Masten mit →Rahsegeln und mit →Stagsegeln betakelt ist, also die maximal mögliche Art der Segelführung besitzt.
Wanten, seitliche Verspannungen eines Mastes, meist als Strickleitern ausgebildet.

Takelage (stehendes Gut) eines Segelschiffes Ende des achtzehnten Jahrhunderts:

1 Vor-Royalstag
2 Vor-Bramstag
3 Vor-Stengestag
4 Fockstag
5 Groß-Royalstag
6 Groß-Bramstag
7 Groß-Stengestag
8 Großstag
9 Kreuz-Royalstag
10 Kreuz-Bramstag
11 Kreuz-Stengestag
12 Kreuzstag
13 Vor-Stengepardune
14 Vor-Brampardune
15 Vor-Royalpardune
16 Groß-Stengepardune
17 Groß-Brampardune
18 Groß-Royalpardune
19 Kreuz-Stengepardune
20 Kreuz-Brampardune
21 Kreuz-Royalpardune
22 Fock-Untermast
23 Vor-Marsstenge
24 Vor-Bramstenge
25 Vor-Royalstenge
26 Groß-Untermast
27 Groß-Marsstenge
28 Groß-Bramstenge
29 Groß-Royalstenge
30 Kreuz-Untermast
31 Kreuz-Marsstenge
32 Kreuz-Bramstenge
33 Kreuz-Royalstenge
34 Kreuzbaum
35 Gaffel
36 Fockwant
37 Vor-Stengewant
38 Großwant
39 Groß-Stengewant
40 Kreuzwant
41 Kreuz-Stengewant
42 Klüverbaum
43 Bugspriet-Saling
44 Bugspriet
45 Außenklüverstampfstag
46 Stampfstock
47 Wasserstag
48 Galion
49 Katzenkopf
50 Topp
51 Vor-Marsquersaling
52 Vor-Marstopp
53 Großtopp
54 Großquersaling
55 Groß-Marstopp
56 Groß-Bramquersaling
57 Kreuztopp
58 Kreuz-Quersaling
59 Kreuz-Marstopp
60 Vorputting
61 Großputting
62 Kreuzputting
63 Kiel
64 Achterflachkiel
65 Achtersteven
66 Ruder

Vollschiff

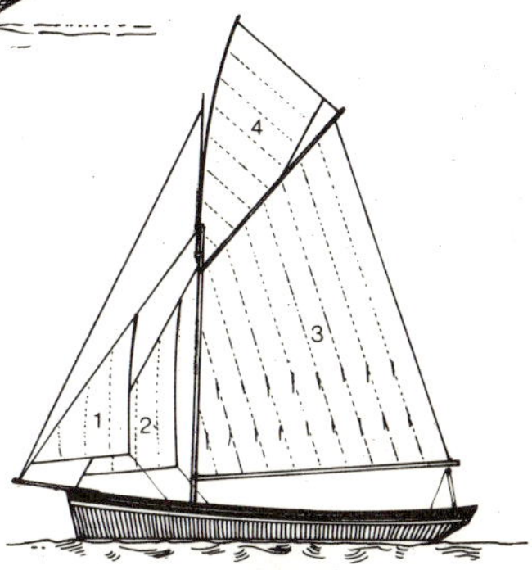

Gaffel-Kutter

Brigg
(zweimastiger Gaffelschoner mit Rahsegeln)

Vollschiff

1 Außenklüver
2 Innenklüver
3 Vor-Stengestagsegel
4 Klüver
5 Fock
6 Vor-Untermarssegel
7 Vor-Obermarssegel
8 Vor-Bramsegel
9 Vor-Oberbramsegel
10 Vor-Royalsegel
11 Großsegel
12 Groß-Untermarssegel
13 Groß-Obermarssegel
14 Groß-Unterbramsegel
15 Groß-Oberbramsegel
16 Groß-Royalsegel
17 Top-Royalsegel
18 Kreuzsegel
19 Kreuz-Untermarssegel
20 Kreuz-Obermarssegel
21 Kreuz-Bramsegel
22 Kreuz-Royalsegel
23 Kreuzgaffel
24 Groß-Stengestagsegel
25 Groß-Bramstagsegel
26 Groß-Royalstagsegel
27 Kreuz-Stengestagsegel
28 Kreuz-Bramstagsegel

Brigg

1 Außenklüver
2 Innenklüver
3 Klüver
4 Vor-Stengestagsegel
5 Fock
6 Vor-Untermarssegel
7 Vor-Obermarssegel
8 Großsegel
9 Groß-Gaffel
10 Fockstagsegel

Gaffel-Kutter

1 Klüver
2 Vor-Stengestagsegel
3 Großsegel
4 Gaffel

Bildquellenverzeichnis

FARBTAFELN

Seite 41 Alabaster-Totenschiff des Tut-ench-amun. *(Copyright George Rainbird Ltd., 1963, photo by F. L. Kennett)*

Seite 42/43 Altägyptisches Schiff, ca. 1300 v. Chr. *(Crown Copyright, from Science Museum Illustrated Booklet, London)*

Seite 44 Flämische Karacke. *(Crown Copyright, from Science Musum Illustrated Booklet, London)*

Seite 77 Das Heck der *Prince. (Crown Copyright, from Science Museum Illustrated Booklet, London)*

Seite 78/79 Gemälde „Neue Peitsche für die holländischen Feinde“. *(Crown Copyright, Victoria and Albert Museum, London)*

Seite 80 Die *Louis Quinze. (Musée de la Marine, Paris)*

Seite 97 o. l. Die *Great Michael. (Crown Copyright, Royal Scottish Museum, Edinburgh)*

Seite 97 o. r. *D'Bataviase Eeuw. (Crown Copyright, Royal Scottish Museum, Edinburgh)*

Seite 97 u. Die *L'Ocean. (Musée de la Marine, Paris)*

Seite 98/99 Bucklers Hard-Werft. *(Montagu Motor Museum, Beaulieu)*

Seite 100 Nelsons Flaggschiff *Victory. (Montagu Motor Museum, Beaulieu)*

Seite 117 Kauffahrteischiff *Mars. (Courtesy W. D. & H. O. Wills, Bristol)*

Seite 118/119 Tee-Clipper *Thermopylae. (National Maritime Museum, Greenwich)*

Seite 120 o. Schoner *America. (National Maritime Museum, Greenwich)*

Seite 120 u. Englisches Schiff von etwa 1485. *(Crown Copyright, from Science Museum Illustrated Booklet, London)*

Seite 153 o. Passagierschiff *Scot. (Photo Process Co. Ltd., London)*

Seite 153 u. Raddampfer *Sirius. (Crown Copyright, from Science Museum Booklet, London)*

Seite 154/155 Raddampfer *Commonwealth. (The Mariners Museum, Newport News, Va.)*

Seite 156 *Great Eastern. (Crown Copyright, from Science Museum Booklet, London)*

Seite 173 o. Venetianische Galeere. *(The Mariners Museum, Newport News, Va.)*

Seite 173 u. Öltanker *British Explorer. (BP Tanker Co., London)*

Seite 174/175 Staatsbark *Bucentaur. (Crown Copyright, from Science Museum Illustrated Booklet, London)*

Seite 176 o. *Stirling Castle. (Photo Process Co. Ltd., London)*

Seite 176 u. Robert Fultons Dampfboot. *(Crown Copyright, from Science Museum Illustrated Booklet, London)*

Seite 209 o. Wikingerschiff. *(A.G.M. Ltd., Hounslow)*

Seite 209 u. *Argo. (A.G.M. Ltd., Hounslow)*

Seite 210/211 Fregatte *La Flore. (Steingraeber KG, Stadt Allendorf)*

Seite 212 Hochseejacht *Satanitas. (Steingraeber KG, Stadt Allendorf)*

Seite 229 o. Flugzeugträger *Eagle. (Crown Copyright, Ministry of Defence, London)*

Seite 229 u. Deutsche Admiralitätsjacht *Grille. (Transworld Feature Syndicate Inc., London)*

Seite 230/231 Kfz-Frachter *Italterra. (Fiat SA, Turin)*

Seite 232 o. Bergungsschlepper *Zwarte Zee. (Billing Boats, Lunderskov)*

Seite 232 u. Feuerlöschboot. *(Aerokits Ltd., Walberswick)*

SCHWARZWEISS-ABBILDUNGEN

56, 57 Die *Grafton. (United States Naval Academy, Annapolis, Md.)*

58 Die *St. George. (United States Naval Academy, Annapolis, Md.)*

59, 60, 61 Die *Britannia. (United States Naval Academy, Annapolis, Md.)*

62 Die *Mordaunt. (National Maritime Museum, Greenwich)*

63 Englisches Schiff von 1703. *(National Maritime Museum, Greenwich)*

64 Bug eines Schiffes mit 60 Geschützen. *(Crown Copyright, Science Museum, London)*

65, 66 Die *Royal Williams. (National Maritime Museum, London)*

67 Galionsfigur der *Royal William. (National Maritime Museum, Greenwich)*

68 Spiegel eines Schiffs mit 90 Geschützen. *(United States Naval Academy, Annapolis, Md.)*

69 Die *Royal George. (National Maritime Museum, Greenwich)*

70 Schoner *Amphion. (Statens Sjöhistoriska Museum, Stockholm)*

71 Flämische Karacke. *(Crown Copyright, Science Museum, London)*

72 Die *Veenlust. (Maritiem Museum ‚Prins Hendrik', Rotterdam)*

73 Niederländischer Ostindienfahrer. *(Nederlandsch Historisch Scheepvart Museum, Amsterdam)*

74 Schoner *America. (National Maritime Museum, Greenwich)*

75 Fregatte von 1785. *(Crown Copyright, Science Museum, London)*

76 Geschützbedienungen der Fregatte *Josephine. (Statens Sjöhistoriska Museum, Stockholm)*

77 Fregatte *Constitution. (The Peabody Museum, Salem, Mass.)*

78 Fregatte *President. (National Maritime Museum, Greenwich)*

79 Prisoner-of-war-Modell. *(National Maritime Museum, Greenwich)*

80 Prisoner-of-war-Modell. *(United States Naval Academy, Annapolis, Md.)*

81 Prisoner-of-war-Modell. *(National Maritime Museum, Greenwich)*

82 Clipper *Flying Cloud. (Photo Process Co. Ltd., London)*

83 Schoner *Thomas. (Crown Copyright, Science Museum, London)*

84 Die *Cutty Sark. (Crown Copyright, Science Museum, London)*

85 Königsjacht *Mary. (National Maritime Museum, Greenwich)*

86 Jacht der Stuarts. *(Montagu Motor Museum, Beaulieu)*

87 Jacht *Optimist. (Johannes Graupner, Kirchheim/Teck)*

88 Jacht *Gracia. (Ripmax Ltd., London)*

89 Schlachtschiff *Hoche. (Musée de la Marine, Paris)*

90 Dampfboot *Charlotte Dundas. (Crown Copyright, Science Museum, London)*

91 Die *Comet. (Crown Copyright, Science Museum, London)*

92 Die *Savannah. (Crown Copyright, Science Museum, London)*

93 Die *Sirius. (Crown Copyright, Science Museum, London)*

94, 95 Die *Great Western. (Crown Copyright, Science Museum, London)*

96, 97 Raddampfer *Britannia. (Crown Copyright, Science Museum, London)*

98 Schraubendampfer *Great Britain. (Crown Copyright, Science Museum, London)*

99 Die *Great Eastern. (Crown Copyright, Science Museum, London)*

100 Dampffregatte *Hartford. (United States Naval Academy, Annapolis, Md.)*

101 Die *Alabama. (The Mariners Museum, Newport News, Va.)*

102 Die *Antietam. (United States Naval Academy Museum, Annapolis, Md.)*

103 Dreidecker *Howe. (National Maritime Museum, Greenwich)*

104 Schlachtschiff *Warrior. (National Maritime Museum, Greenwich)*

105 Dampffregatte *Merrimack. (The Mariners Museum, Newport News, Va.)*

106 Panzerschiff *Virginia. (The Mariners Museum, Newport News, Va.)*

107 Panzerschiff *Monitor. (The Mariners Museum, Newport News, Va.)*

108 Schlachtschiff *Captain. (National Maritime Museum, Greenwich)*

109 Kreuzer *Terrible. (Crown Copyright, Royal Scottish Museum, Edinburgh)*

110 Zweischraubendampfer *Campania. (Crown Copyright, Science Museum, London)*

111 Das Heck der *Mauretania. (Crown Copyright, Science Museum, London)*

112 Die *Mauretania. (Crown Copyright, Science Museum, London)*

113 Die *Normandie. (Crown Copyright, Science Museum, London)*

114 Die *Queen Mary. (Cunard Steam-Ship Co., Liverpool)*

115 Die *Queen Elizabeth. (Bassett-Lowke, Northampton)*

116 Die *Queen Elizabeth. (Cunard Steam-Ship Co., Liverpool)*

117 Die *Queen Elizabeth 2. (Cunard Steam-Ship Co., Liverpool)*

118 Kanonenboot *Peder Skram. (Orlogsmuseet, Copenhagen)*

119 Schlachtschiff *Admiral Scheer. (National Maritime Museum, Greenwich)*

120 Die *Barham. (Crown Copyright, Science Museum, London)*

121 Schlachtschiff *Scharnhorst. (National Maritime Museum, Greenwich)*

122 Schlachtschiff *Vanguard. (Crown Copyright, Science Museum, London)*

123 Flugzeugträger *Forrestal. (Revell, Inc., Calif.)*

124 Flugzeugträger *Eagle. (Crown Copyright, Ministry of Defence, London)*

125 Lenkwaffen-Zerstörer. *(Crown Copyright, Central Office of Information, London)*

126 Geleitschutz-Zerstörer. *(Official Photograph, U.S. Navy)*

127 Atom-U-Boot *Nautilus. (Revell, Inc., Calif.)*

128 Luftkissenfahrzeug *SRN 6. (A.G.M. Ltd., Hounslow)*

129 Luftkissenfahrzeug der Zukunft. *(Official Photograph, U.S. Navy)*

130 Frachtschiff mit Kernantrieb *Savannah. (Crown Copyright, Science Museum, London)*

131 Zeremonienschiff *Bucentaur. (Crown Copyright, Science Museum, London)*

132 Staatsbark aus Lahore. *(Crown Copyright, Science Museum, London)*

133 Staatsbark aus Udaypur. *(Crown Copyright, Science Museum, London)*

134 Staatsbark aus Kalkutta. *(Crown Copyright, Science Museum, London)*

135 Nelsons Leichenschiff. *(Crown Copyright, Science Museum, London)*

136 Königsjacht *Navy. (United States Naval Academy Museum, Annapolis, Md.)*

137 Admiralitätsmodell eines Riemenkutters. *(United States Naval Academy Museum, Annapolis, Md.)*

138 Victorianischer Wassertreter. *(Crown Copyright, Science Museum, London)*

139 Flußdampfer *Jamestown. (The Mariners Museum, Newport News, Va.)*

140 Themse-Raddampfer. *(Crown Copyright, Science Museum, London)*

141 Raddampfer *King Alfred. (National Maritime Museum, Greenwich)*

142 Donau-Raddampfer. *(Crown Copyright, Science Museum, London)*

143 Dschunke vom Jangtse. *(Crown Copyright, Science Museum, London)*

144 Arche Noah. *(The Mariners Museum, Newport News, Va.)*

145 Rettungsboot von William Wouldhave. *(South Shields Public Libraries, South Shields)*

146 Mit Pferdekraft betriebener Schwimmbagger. *(Crown Copyright, Science Museum, London)*

147 Dampfschwimmbagger *General Diaz. (Crown Copyright, Science Museum, London)*

148 Radschlepper *Monarch. (Crown Copyright, Science Museum, London)*

149 Schlepper *Dromedary. (Crown Copyright, Science Museum, London)*

150 Feuerschiff *Five Fathoms Bank. (The Mariners Museum, Newport News, Va.)*

151 Amundsens Schiff *Gjøa. (Norsk Sjøfartsmuseum, Oslo)*

152 Landungsboot. *(Crown Copyright, Science Museum, London)*

153 Eisenbahnfähre *Fabius. (Crown Copyright, Science Museum, London)*

154 Trawler *Star of Scotland. (Crown Copyright, Royal Scottish Museum, Edinburgh)*

155 Tanker *British Explorer. (BT Tanker Co., London)*

156 Containerschiff *American Lancer. (United States Lines, New York)*

157 Modellbemalung. *(Bassett-Lowke Ltd., Northampton)*

158 Spiegel der *Sovereign of the Seas. (National Maritime Museum, Greenwich)*

159 Die *Dromedaris. (Photo Process Co. Ltd., London)*

160 Die *Calmare Nyckel. (Sjøfortmuseet, Gothenburg)*

161 Ostindienfahrer *Sophia Magdalena. (Sjøfortmuseet, Gothenburg)*

162 Ausrüstungsteile für Modelle. *(Keilkraft, London)*

163 Linienriß eines elisabethanischen Schiffes. *(Crown Copyright, Science Museum, London)*

164 Konstruktionsmodell eines Rumpfes. *(Orlogsmusseet, Kopenhagen)*

165 Luftkissenfahrzeug. *(A.G.M. Ltd., Hounslow)*

166 Rumpf-Linienrisse. *(Model Maker Plans Service, Hemel Hempstead)*

167 Decksgestaltung. *(Norsk Sjøfartmuseum, Oslo)*

168 Takelage der *Prince. (Crown Copyright, Science Museum, London)*

169 Schiff mit 120 Geschützen. *(Crown Copyright, Royal Scottish Museum, Edinburgh)*

170 Vorschiff der *Prince. (Crown Copyright, Science Museum, London)*

171 Die *Norske Løve. (Norsk Sjøfartsmuseum, Oslo)*

172 Die *Leon. (Musee de la Marine, Paris)*

173 Mittelmeer-Galeere. *(Crown Copyright, Royal Scottish Museum, Edinburgh)*

174 Schottisches Kauffahrteischiff. *(Crown Copyright, Royal Scottish Museum, Edinburgh)*

175 Flaschenmodell. *(Topix Ltd., London)*

176 Die Brigg *Agilis. (Steingraeber KG, Stadt Allendorf)*

177 Kriegsschiffmodell. *(Bassett-Lowke Ltd., Northampton)*

178 Modellprobe. *(Bassett-Lowke Ltd., Northampton)*

179 Modellbaukasten. *(Marine Model Company, Inc., Long Island)*

180 Modellbau-Ingenieur. *(Revell, Inc., Venice)*

181 Die *Santa Maria. (Johannes Graupner, Kirchheim/Teck)*

182 Hanseschiff *Adler von Lübeck. (Johannes Graupner, Kirchheim/Teck)*

183 Fregatte *Berlin. (Johannes Graupner, Kirchheim/Teck)*

184 Modellbearbeitung. *(Revell, Inc., Venice)*

185 Die *Mayflower. (Airfix Products Ltd., London)*

186 Die *Discovery. (Airfix Products Ltd., London)*

187 Wikingerschiff. *(Johannes Graupner, Kirchheim/Teck)*

188 Viermast-Vollschiff *Pamir. (Johannes Graupner, Kirchheim/Teck)*

189 Die *Gorch Fock. (Johannes Graupner, Kirchheim/Teck)*

190 U-Boot *Trigger. (Marine Model Company, Inc., Long Island)*

191 Fregatte *Leander. (Airfix Products Ltd., London)*

192 und **193** *Fairey Swordsman. (Aerokits Ltd., Walberswick)*

194 Patrouillenboot. *(Aerokits Ltd., Walberswick)*

195 Fischkutter *Edith. (Christie, Manson & Woods, London)*

196 Schlepper *Lady Marion. (Christie, Manson & Woods, London)*

197 Raddampfer *Ryde. (Christie, Manson & Woods, London)*

198 Raddampfer *Dolphin. (National Maritime Museum, Greenwich)*

199, 200, 201 Elektromotoren. *(Ripmax Ltd., London)*

202 Fischerboot *Elke. (Johannes Graupner, Kirchheim/Teck)*

203 Kajütenkreuzer *Commodore. (Johannes Graupner, Kirchheim/Teck)*

204 Flugzeugträger *Enterprise. (Official U.S. Navy Photograph)*

205 Modelldieselmaschine. *(Ripmax Ltd., London)*

206 Benzin-Viertaktmotor. *(Ripmax Ltd., London)*

207 Glühzündermotor. *(Ripmax Ltd., London)*

208 Einkanal-Fernsteueranlage. *(Keilkraft, Wickford)*

209 Mehrkanalanlage. *(Keilkraft, Wickford)*

210 Modelljacht *Collie. (Johannes Graupner, Kirchheim/Teck)*

211 Königsjacht *Dannebrog. (Billing Boats, Lunderskov)*

212 Jacht *Anna. (Christie, Manson & Woods, London)*

213 Die *Mauretania. (Christie, Manson & Woods, London)*

Register

Gerade Zahlen verweisen auf Textstellen, Kursivzahlen auf Schwarzweißabbildungen.

Ein Verzeichnis der Farbabbildungen findet sich auf Seite 7